Миша Пасујевић

ЗА ВОЛАНОМ

I0151970

Библиотека
РАД

Уредник
СИМОН СИМОНОВИЋ

Рецензент
ПЕТАР МИЛОРАДОВИЋ

На корицама: „Beetle Cemetery", фотографија Вима Вендерса

МИША ПАСУЈЕВИЋ

ЗА ВОЛАНОМ

МАЛИ РОМАН О СМРТИ

There was a time
A storm that blew so pure
For this could be the biggest sky
And I couldn't have the faintest idea...

Bowie

ХИПНОЗА

Girl, lead me into your darkness
When this world is trying it's hardest
To leave me unimpressed...

M. G.

Каменита пустиња. Све у боји асфалта. Светлеле су једино траке друма. С њега сам излетао рушећи гробљанца – слепих кучића отиснућа, трагове радозналости надземних – гумама штипкао мрке каменчиће. И враћао се на правац с приличним, потом блажим заношењем задњег краја. Прилагођавање? Шта је било унаоколо, није ме мамило да сазнам. Волан и команде слободне. Тело дрмусано путем. Тежак сан сменила је умирујућа загледаност у тачку. Извиривале су мајушне руке са стране. Махале ми. Шаком, по замагљеном ветробрану, покушао сам да испишем сопствено име у отпоздрав. Остајала је линија.

(...) блато се лепи за обућу и уместо у ципелама корачаш у тешким грудвама. У смрти не би требало... није баш тако.

У магновењу, пратио сам знак јаснији од „црне тачке" који ме је водио под земљу. Испод пута. Бесим се ручним зглобовима о волан; намотао сам, изгледа, прилично оштрих кривина за собом – (несигуран у изречено) туђим гласом то изговарам, пред обрисима велеграда у који се потом сумануто спуштам.

Мркла мрклина. Придошли попут мене нису се дали назрети у тами. Само силуета хитре жилаве старице; повлађује мојим прећутним потребама. Испијам саке. Сваког часа она ишчезава и појављује се и изнова ме услужује. Штапићима се играм с месом и поврћем за столом. На разумно негодовање друге, по грађи и покретима, рекао бих, млађе жене, моја домаћица узвраћа малициозним симпатијама према мени, на шта се ова друга сместа повлачи.

7

На леђа ме је, без сумње, обарао сан, и пре но што кренух дуж трема, добацих *ака-ило*[1] јер ми се причинила крв у једном од тањира, на шта опет наиђох на одобравање. Упркос сладуњаво-опорим мирисима који су ме затекли у спаваћој просторији (?), без двоумљења сам се сручио у кревет, понављао – *домо аригато, ваисиминасае*[2], остајући без одговора, све док ме сан није потпуно савладао.

У мрачно јутро, звукови што су допирали споља потхрањивали су моју крхку наду, и спремност да истог трена јурнем у разгледање. Успори ме склопљена одећа на полици као и етерична уља и биље за чајеве у стакленим и дрвеним посудама. Из вртлога мушких и женских гласова испливало је неколико речи које сам успео да разумем: *кадо, каре, ђурђиро*[3], и помислио с приличном увереношћу да се разговор односи на мене. Стргао сам параван и с трема покушао да се представим на мршавом јапанском: *ватакши*[4]*(!), дансеи*[5]...; поново – нејасна одобравања знатижељника исказана снебивајућим климањем глава што у мени поче да буди свирепе намере. А, то осећање преплави ме још већим бесом, који, међутим, начас успех да стишам. Тада опазих врт у његовој величанственој чудноватости, и прошаптах: *мидоли, ширакаба, шило*[6], угледавши мало даље шуму извијених лепотица. Настављао сам да тихо понављам, сигуран да моји покушаји ма каквог комуницирања остају без смисла: *ватакши – ило*[7]*, санићи*[8]... Сетих се: пошто сам једном, у не баш прикладном тренутку, изразио бесмислену жељу да посетим Јапан, запитах се како би ме – јер за живота не бих имао прилику да упознам Далеки исток – реинкарнисаног замишљали послодавци – моји нови пријатељи, усудићу се да кажем након њихових неуме-

---

[1] црвено
[2] пуно хвала, лаку ноћ
[3] ћошак, онај који седи или стоји сам, раскрсница
[4] ја
[5] мушкарац
[6] зелено, бреза, бело
[7] ја – боја
[8] тридесет и један

рено дубоких наклона-опраштања на аеродрому. Утом, прену ме реч коју сам разумео: *канођо*[9], и на њен помен, као приликом упознавања са *Т.* крв ми јурну из носа и обли ме по врату. Журећи вртом до језераца са живописном, а опет некако тамњикавом флором и рибицама у њима, на клупи угледах девојку; својим присуством позивала ме је да јој се придружим. Заклонили су нас листови стварајући тако собичак са сноповима бледе јутарње светлости што се пробијала и треперила попут светлости свећа.

Припремљену цигарету она приноси мојим уснама. Даје ми саке. Ћути. Зна да желим мир; желим да уживам у њеном присуству. Црнокоса! Девојка, или пак гејша? Замишљам да је ово потоње; заиста (!), из ког је века... Али, страст! Пре но што ћу пружити руку ка њеној пунђи да бих јој распустио косу, примећујем сличност њене физиономије, мада то свакако није могуће, са *Т.* Приближио сам јој се, нехотице бришући згрушану крв с браде и врата. Пасивна изопштености! Онај сам што је из једног одлутао у следеће незнање; просветљење, које би требало да ме награди сећањем на јучерашњи дан и мог сапутника – ветар, изостаје, губи се у питању-сазнању да су простор и време управо – простор и време, с потком неопипљивог импланта животног *знања* осталог ван домашаја мојих стварних очекивања... Којим ја сада то језиком говорим?! У загрљају хипнозе сам? Или девојчином? Свакако, пријатном.

Дакле, преда мном је нова земља?

---

[9] девојка

ЗА Д. МРАЗА

Могу да уживам у сенкама зграда. Раскрсници. Шаренилу трафика пригушеном мраком. Киша престаје, и пси се авенијом упуштају у обезглављени трк.

Твоја меланхолична сестра обожава да те с прозора опомене на вечерњу шминку. Пред улазом, поново исказујеш жаљење према старцу из приземља чије су име написали изврнуто на зиду.

Док прелазимо мост, улице се разастиру као прашњаве јамболије. Скривене међу здањима, налик треперавим сликама у ротирајућем добошу-играчки, промичу куће.

Настављамо даље, у полукругу... Никада нисам био ту. У рукавцу, дуж насипа. По доласку, спреман сам за брзо пијанство... *Клизнуо* између дасака, у утробу сплава, на кутије и стиропор – ниоткуд: *снег*. Налик бићу које се осипа. Титанском маслачку. Када зажмурим како бих га одагнао, као његову претходницу, ветар доноси мирис сутрашњих облака.

И уобразиљу, када песницама протрљам очи: жива месечарева привиђења...

Где сам матицом донесен? Упућен да испливам пред степеништем? Оно је једино што се види. Потом, облак од испарења допузао испод ограде некакве радионице. Или нечији мантил? Натопљен уљем, мешкољи се на покошеној трави уместо сенки. Или ме мириси гуме и сена заваравају...

По прозорским окнима самачког хотела, очима – на својим крилима – трепћу лептирови. Стотине лењих чаршава на терасама. На грумењу црвене земље, по степеништу, трагови мачјих шапа и одблесци сијаличне светлости издужују се у мом ка њима управљеном погледу. Где безбедно згазити?

Бубна сам опна потресана неравномерним нагажајима у намоченим ципелама. (*Месечином у њима?*)

Неокрњена је тама на шљаком посутој стази. Само ме зидови полеглих крошњи као граничници безбрижно спроводе.

На крају тог биљног левка – пролази поноћ... Безосећајност...

Ипак, био сам ту. Архитекте. Продавци телефона. Сви нестални. Отишла си до шанка. Поново продефиловала назад. Упутила се потом ка тоалету. Више те не пратим. Заостао иза ноћи; на обалу се искобељао. На бесталасну воду. Ниједног чамца у покрету. Зидови полегли са свих страна... осим једног, у твом улазу, с којег ми се – вешто нацртана – цериш гола са плаже...

БАЗИЛИКА

God doesn't even go to church...
The The

Дезоријентисаности; окружен масивним зидовима и луковима погледао си у висину, погледом обухватио највишу куполу, да би бочни, орнаментима украшени зидови као слике калеидоскопа наврли у твоје видно поље, кренули да измичу преуском погледу и производе вртоглавицу. Пламен високе свеће освестио те је опрљивши ти надлактицу. *Полуодлутање*, поново... Осећај близак буђењу након збуњујуће живог сна. То стапање квазиреалности, био си уверен, ишчезло је. Због коинциденције, јутрос, на обали под Будимом, осећај се јавио – помислио си – због мушкарца и жене и фотографије њиховог несталог сина, а сада, без сумње, то пријатно страно осећање одсутности ту је, у теби.

Несрећним родитељима ниси могао рећи – Жао ми је... биће у реду... Само – нисам га видео... То те се више није тицало; у плавокосој деци читавог јутра препознавао си Олафа.

У дану од спарине провидном, истовремено мутном као плик, без конца о датуму. Веку. Тако једноставно. Авеније. Стриптиз барови. Најстарији континентални метро. Цркве...

Од мајушне туристкиње из Јапана – помислио си пред капелом базилике St. Istvan – требало би отети видео камеру! Ни реч је не би разумео док истрчаваш на улицу, међу пролазнике погурене од врелине асфалта. Њени повици, проклињања, не би те прогањали. И траку у камери, неколико последњих секунди снимка, одмах би избрисао, кадар ђаволски изведене отимачине. Помислио, с рукама у џеповима бермуда, да је папа из XIII века на слици – погрбљен, кривонос, намрштен, какви су по неписаном правилу – ближи ђаволу него Богу. Да је базилика, након богослужења, мирно и угодно место – на клупи, с ногама подигнутим на даску за клечање при молитви, Малколм Лаури би фино пио. И како са четири издигнуте бине, с моћним микрофонима, свештеници кроз столећа (од када је микрофон измишљен, пре тога својим грлатим гласовима) застрашују вернике и утичу на ове да забрину невернике. О, бриге! О, казне! Искључиво људске.

Спринтајући низ Sas utca и кроз Vert. tere, прегазићеш воду Дунава и на даљој обали имати довољно предности над метроом – да припалиш цигарету – чије ће те подземно тутњање пратити као нечији кораци пред вратима док прелазиш из полусна у сан... Дечак неће плутати под мостом...

То је твоја молитва... Јер Бога нема (?), сео си уморан на тротоар, након претрчане прве улице, без упаљача, који је, биће, звекнуо код јавног тоалета, и без снаге да се вратиш по њега – ако га улица није већ некоме поклонила.

ПОКЛОНИ ЗА MARBELLA ROU BOLBARANA GUTIERREZA

Живот! – помислио сам, кад ми је од мириса женског парфема, након што сам сишао у *подземну*, припала мука тако да сам се у трену нашао склупчан на бетонском степенику, пред излогом туристичке агенције *Limatours*. И у ово доба, град ротира – за мене – као крива огледала: споро пристиже ноћ, екскурзија сенки; палацање; мешање; ишчезнућа...

Безмерно докон, скидам паучину с пожарног степеништа и лепим је за одећу пролазника, њихове ципеле, косу. Голицам им њоме образе, шаке. Налик пијанцу, потом, пребројавам новац замишљајући забаву коју бих желео да купим.

Замичући у мрачније квартове, у контралихту – улице пуцкетају од стежуће хладноће, заношени од ветрова који навиру *коритом празнине*, аутомобили убрзавају-успоравају-трубе; противничке фанфаре, с друге стране зидина...

Бесмислено обигравање око њих. Бауљање у подземним пролазима. Гаражама. Винским подрумима. Пробијање између тела као кроз растреситу земљу; све очи, шапати, један су поглед, један звук – фијуче кроз ваздух, бичује сенке... Разастрта тама. Отворена... Шапућући другима, само *њој* говорим... Мануела долази... Чујем – звоно потврђује – да, да, да-да... Снажни дрхтаји тла... Немам прошлост на којој бих се као на ленгеру примирио... Свет, вођен струјом ветра и воде, улази кроз ходник, подземну галерију, у самог себе – и то је смрт; визија ње саме: Мануелино лице тамни, земља се дроби, котрља низ сенке, кишобрани се шире и скупљају као ужарене медузе.

Она не долази?!

Обичан пљусак – схватих, хватајући воз...

●

Облак-очњак, загризао у зенит, над сада тихом кишом.

У очекивању намењеног ми акварела *Крварење*, ослоњен сам о високи зид преко којег се пружа поглед из уметниковог атељеа. Иза зида леже, по причи покислог чистача ципела, чопор угинулих мачака и ћакнути старац.

Док чекам уметника, користим време да створим слику његове *свакодневице* и запуштеног врта преко, налик кругу санаторијума у којем сам се најчешће играо.

Непрестано оглашавање лењивица, с изненадним старчевим мјаукањем и пљуском изнутрица (на које ми пажњу скреће – управо упокојени – чистач четком за ципеле прислонивши њену дршку на уста, и сам опонашајући умрлог старца, или угинуле мачке), одражава *испреплетене црве*.

Из земље израња сликар. По ко зна који пут, започињем му своју причу. Занимљива је то смрт – кажем, тихо. Самоубиство у детињству – наглашавам сугестивним климањем главе... Једноставна, уобичајена (...) – одмахује овај четкицом... Мотивишућа – шапуће...

ГОЛУБАРИМА ОКОЛНИХ НЕБОДЕРА

Српско Сарајево, септембар 2001.

Возачева глава, као шерпа, јалово одзвања...

Возио сам 250 вијугавих километара: два сапутника у њихов хотел у *центру*. Стигао у свој, јефтин. Собу у поткровљу. Голубија пера светлуцају на даскама, клизнула између црепова као погрешно пристигла писма. Сада, када сам безрезервно спреман за одмор, попео сам се спрат више, са два кофера.

Таван без прозора. Некадашња осматрачница. Власи светлости провирују из рупица од куршума попуњених малтером што се круни. Заспаћеш овде – тргнем се! – на празном поду, и то брзо... Силазим. Напокон, проналазим собу.

Из кревета посматрам како се капи пожурују, сустижу једна другу на окну. Прождиру. Прокишњава? Сав сам знојав, рашчупан – као да је неко био са мном у кревету, *Т.*! Еееееееееееееееееееееј!

Будим се. Касно поподне. Ведро.

У даљини, на боку Игмана, тромо се вију големе ногавице. Облаци су то, загазили, или загњурили своје главе међу дрвеће. Бутмир, наизглед напуштену војну базу, посађену између периферије *града* и планине, хеликоптери прелећу. Одагнавани стратуси-гњурци; вештачки циклус плиме и осеке; сулуде аверзије... међу њима и Месец, узлетео вечерас као кривуља – млад.

Следећег пута, с прозора хотела, редоследно: светлуца толико звезда да их не успевам избројати. По први пут, потпомогнут самоћом, назирем облике о којима готово ништа не знам: Мали, Велики медвед...

И малопређашњи сан... враћа се у целости...

(...)

... Између зграда, дотрајало степениште. Под жицом громом спаљеног голубарника, пепељаста перца. Улица завија пред продавницом женских чарапа десно, а назад, за углом – дилери и бучне потере. Страна којом путују Месец и Сунце засењена је солитерима. Насупрот, део обале обрастао шибљем, врбама ижђикалим из хаварисаног шлепа. Ни рибара, ни шетача, ни стазе. Накупљени облаци...

Одавно, помислих (и у сну), све те одаје, *Т.* Неприсутност. Изостанци. Ципеле с танким потпетицама у којима си пустила девојчице да гацају по мокрим улицама. Отпале власи твоје косе, улепљене у жваки на прозорском симсу, множе се, прерастају у бусен, уза зид напредујући налик бршљану. Твој жилави синчић, ето га доле, с тарабе одваљеном даском, с ексером на њеном крају, витла по дворишту. Поштарево дозивање с другог краја улице.

Све те одаје, мислим. Недовршена писма на ноћном сточићу, жуте трунке дувана отпале с твоје неупаљене цигарете које кљуцају врапци, албуми с фотографијама прашњавим и сасушеним као хербаријумско биље.

Оклевам, лебдећи часак у твојој соби, потом те муњевито налазим: окренута си ми леђима, загледана у узани лелујави ходник, као ембрион кроз пупчану врпцу. Скидам и одлажем своје лице, да бисмо се изнова сусрели. У чему је разлика (?) – препознајеш ме: незадовољеног, наједном пред усталасаном површином огледала – прелива се у нејасну слику, биоскопско платно... Листови стрипова, аутопутеви – блицају. Је ли увек тако – говориш ми – скраћено спавање док постоје могућности, несаница када их више нема...

(Или сам то сада, на јави додао? Конструисао?)

Успентрана, потом, уз широки циглани оџак, челом ка слабашној светлости зароњеног Сунца – иза фабричког зида – показујеш ми – пацови по напуштеним каросеријама, нарочито бројни кад се Месец објави цео. Докони, ових летњих вечери, запоседају балконе као да почиње представа; повици, смех, коштице брескви бачене ка капији, као кад се опомиње кинооператер да промени филмску траку, или да угаси светло.

И даље, преко канала, до парка – гостећи се на канта-ма, репоње, на радост тамошњих чувара, растерују љубав-нике. Не траје то дуго. И не види се све набројано. Готово да се не види ништа – кажем. Облаци... показујеш ми их. Киша – шапућеш...

Одатле, с врха, полетали су не тако давно голубови-поштари носећи празне поруке...

HEIGH-HO, HEIGH-HOOO...

Више не мораш да пожурујеш свог поштара... Активно бављење спортом... Студије... Одлазак у GB... Прерастања су *шарене лаже.*

Моје цокуле су зупчаници. Тромесечни. Разлистане у индиго.

Repetitio! Тачно 6:15. – Џакови. Шипке. Бурад с нафтом. Пауза... Уношење масивних столова... Далеко су мање подношљиве школоване главе, секретарице, курири-улизице... Један од првих је О.К. (не намеравам о осталим шефовима). Стамени брадати нежења, дупло крупнији од свих радника, очекује четвртак, и брака жељну девојку. С неверицом ће јој понудити ванбрачну заједницу. Нигде гаранције – слеже раменима тупкајући лењиром по уснама, држећи га потом са стране, дуго прислоњеног на уста. Посматран из камиона, натовареног столовима, флаутиста је спреман за неку неподношљиву мелодију.

Секретарица, преко пута њега, поверава се, одсутно – најдраже су јој пастелне боје (?!). Најчешће је у црном. У свом лику у огледалцету препознаје оца са слике из војске, розикавог тена и шака, пред касарским свињцем.

„Вапим за болесно чистом собом, за...“ – утом, одговара на телефонски позив. Гласом налик жуборењу. Прстима; разнобојним дугим ноктима, скакутавим патуљцима на трамполини канцеларијског дима.

Поподне, одлазим с колегом у посету његовом белом теријеру. Каспар не нестаје из видокруга. Његово тело виси као шунка, зубима окачено на ћелаву *спачекову* гуму што виси под стрехом. Каткад јурца за тениском лоптицом бацаном тамо-амо. Чини се, тако би данима. Некад прошетамо до оближњег школског дворишта. Причамо школарцима *ловачке приче,* којештарије... Трчимо сва тројица као духови кад нас појури домар. Нисмо храбри, ни интелигентни.

То је бег...

Још једна субота.

Свршетак. Пресвлачење. Сунце. Ничу кишобрани и сунцобранске печурке. Од аутомобила и аутобуса и људи, улица је зажарена шума. Лимена трафика с брзом храном, пуши се. Из димњака чиле све искре... Нечија дуга коса у пролазу налик је кумулусним облацима при сунчевом заласку. Тако је... неуклопљеност. За све друге учеснике, моје не-доручковање на паузи и одбијање алкохола непоштовање је градилишта. Цакли се под јаром. Утабаније него првих дана. Разбуктало прашином као пећ. Укопава све дубље. Топи. Гуши. Исисава. Усваја. Придобија. Просто раскршће. Скретање...

ПОСМАТРАЧИ

Истина је: тама. Површина земље као изврнути рукав. На чистој сам постави, непомичан. Далеко од икаквог огледала... Огледало потура, види оно што извесно време следи и након смрти – пораслу браду, косу, нокте...

Блед је био Месец. Ујутру се неће повући. Предухитриће вече. А ноћу га неће бити.

Ма колико бивствовање било досадно, решио сам да никоме не досађујем. Како сам био досадан... Као магла? Када бих сада, пред свитање, могао некуд да кренем, на несигурној би ме паучини повлачили фарови. Не бих журио, али, не бих волео да станем. Истрпео бих страшно време крај пута. Признао бих, мучен безвременошћу, оно што иначе не бих...

Мртав сам.

То, осим мртвих, знају познаници. Пристижуће јутро.

Птице изнова откривају светлост. Антене на врховима солитера. Вентилациона кућишта. Пролети стршљен, лелујава громуљица земље. О мартинеле стабљика одбија се оса, на ружним жардињерама тераса. На некој застакљеној, голуб потражи одморише батргавим покретима утопљеника. Односи га ваздушни талас. Белина. Претходи јој неподношљиво *буђење* станова.

Баланс? Из отворених прозора плахне облак устајалог, препусти место прашини, да уцури – из горње купе невидљивог-спољег, у унутрашњу – и потврди време.

Један човек на тротоару, с цигаретом међу прстима, другом за увотем. Први јутарњи трамвај на станици. Одлази... Он припали ону за увотем. Кад је попуши, седне на плочник. Подигне опушак крај својих ципела. Мирише га. Мрви...

У скученој кабини, одвојен танким плексигласом од путника, ноћас је продао 209 метро-карата. Необичној црнкињи пожелео је угодну вожњу; истргла је карту дугачким прстима-пипцима пожуривши на перон. Изостали су залутали туристи. Пијанци ослоњени о билетарницу. Њихово мољакање за цигаретом. До-јутарње исповедање...

У ствари, подземна се затвара пре поноћи. Послеподневном сменом – под земљом – њему отпочиње ноћ. У поноћ, излази у њу. На обалу Дунава. *Kis Kiralylany!* Покрај скулптуре мале краљице. Ту је „да подсети на бесмисленост журбе".

Човек је чује... и то је у реду. По изгледу, то је уистину дечак – у панталонама, са превеликим, накарадним ципелама... Леђима окренута трамвајима размилелим дуж обале, из којих се можда и може наслутити по коси испод капе *Kis Kiralylany* њена младолика женственост... И трамваји се лењо гегају, мешкоље на станицама. Тик испод шина је вода.

Стотинама километара низводно, ја – мртав, као што, не образложивши, рекох – настављам да *сањам*. Налик кишном облаку, што чека да се Свет окрене око њега. Исуши га. *Спусти на земљу.*

КАЖИПРСТ

Ноћ, дуга као минђушом притиснуто уво црнкиње.

На граничним прелазима, завиривање у превоје и преклопе возила. Пртљаг... Јато – на исто сведених – речи. Покрета... Есперанто?

Нејасно удаљавање од себе самог – пред јутро... Долазак...

Нестрпљив, прекорачујем прописану брзину у претицању камиона. Када се укаже несмотрено процењен излаз испред дугачке гвожђурије, никне узвишење. Преко њега се пут ломи у кривину? Сужава пред широким комбајном? Војним транспортером? Захваћена је моја страна асфалта? Тело у трену *прегори*. Шакама измиче волан. Клизи... Блескање светлих контура на ветробрану – као мачке скачу на стакло, загребу по њему и склизну. (Опроштајно варничење звезда...) Хватајући *обалу*, аутомобил се на узвишици тек приметно занесе, и стопало за делић секунде касни да потисне кочиону педалу...

Поспана извитопереност долине... *Алхемија* преметаних брзопромичућих облика? Сенке-големи, такође? И ноћне птице у даљини, углас понављају – смртан (!).

На прашкој периферији; хотелска соба, сан – трептај су. Поново најежен мразним новембарским ваздухом, слушам о *hospodi* из XVI века. *Becherovki*, траварици неког бањског лекара који ју је смућкао како би време пролазило. Магли; ноћним безглавим коњаницима што се с Мале стране спуштају преко Влтаве. Калдрми и катедралама, мрачним и непрегледним – госте машту. Неповерење.

Метро ме улије у хотелску собу.

Сутрадан, следећи кажипрст бедекера, надилази ме јеврејски гето. Гробље ограђено кованим гвожђем. Набацани слој преко старих хумки, да би се над њима ископала нова земна места. Потребно је пропети се како би се сагледале надгробне плоче. Оне старије, извађене и с новим пободене на површину, налик су неправилно изниклим зубима. Мермерним таласима.

Ништа... ништа више од: у минут тачне подземне железнице. Услед скорашње поплаве, затворених станица близу обала. Удисања мемле. Класичне музике из старих грађевина. Галерија. Из зањиханих облака пристижуће магле.

Није се догодило ништа у магли: реска звоњава снажно ме је потапшала по рамену (!). С трамвајских шина, узмакао сам на улицу уместо на тротоар. Хитро се дочепао плочника, лица, од препасти, побледелог. Узалуд сам зурио. Ослушкивао. Нигде возила.

Примирио сам се међу зидинама оближњег кафеа *Звоно*. Писао о неуверљивости претходног тренутка.

Нову разгледницу започео сам сазнањем – ... Овде сам, да бих претеривао... да би ми се, изгубљеном, одало – пролазан...

Разгледнице, и *Звоно*, напустио сам с ветром у леђа. Застао, на њему... Ослонио се свом својом тежином... Свим својим битисањем...

СТРАНИ КАПУТИ

Поред осињака притајен; *одеће без телâ, у диму непознатих соба...*

Драги Keijio Iimura, да ли су окончани снови?

Мудрује? Његова питања су *дечја*. Озбиљна.

Док бејах његов возач и водич, водио ме је одговорима кроз Свет: Јапан, Египат, САД, Кина...

Мрачним босанским шумама, којима смо турирали – увек у неразумној трци... Боје се *узнемире*. Дрвеће и асфалт урасту једно у друго. Облак пљусне у реку. Кобац у око. Земља гробља се помера, осетио бих, њено надвијање над нама, тиха пребивалишта – живљим...

Упућени данима један на другог. Уздуж мапе и попреко. Укруг...

Iimura-san је рентирао снажна кола. Био будан сувозач – „Police!" – тргнуо би се, прстом упирући на превој.

Како сам га, у зависности од свог расположења, поштовао-потцењивао. Сумњичав, или с добронамерном радозналошћу, пратио је и сваки мој поглед: на инструмент-таблу за воланом, путоказе, пејзаж... *Живот*, колико смо били удаљени од њега! Увече се стропоштавали, очију упртих у зидове шаране пригушеним блескањем с ТВ-а. Жалио се на несаницу услед временске разлике. Већи део ноћи телефонирао Токију: својој фирми, жени... Грчевито се држао седишта приликом неизбежних, полуризичних претицања...

Кад би му се придремало, пренуо би се и извињавао. Извињавао? Како ме је разгаљивао. Збуњивао... Сажвакану жвакаћу гуму би стављао у папирић, завијутак у џеп свог сакоа, наводећи ме тиме да заборавим на пепељару?

Послушности! Ако би дланом тапкао (по ваздуху), успорио бих. Када би гледао на сат, сустизали бисмо птичје јато...

Облачио сам се онако како је налагао *дан*: по својој жељи, или (по први пут) о белу кошуљу бесио кравату. Узнемирен пушачком дрхтавицом, замолио бих да се зауставимо; крај кола удахнуо 3-4 везана дима. Журба! Паркирали бисмо понекад при неком мотелу, пола часа хитрији од његовог плана. Посркао би врућу шољу чаја. Брзо. Настојао је да ми смислено, бираним речима, говори о својој религији. Гејшама, и мафији. Амплитуди цивилизације. Својим унуцима, најзад. Присећао се Јапана након Другог светског рата, поредивши га са оним што је виђао.

Али, ко би о прошлости. Рушевинама... У ствари, само још – снови...

Mr. Iimura, ако сам га добро разумео на енглеском, сања *у коцки*: два-три лика. Због моје младости – сигуран је – ја још увек сањам стотине лица.

Заправо, ако видим неки ужурбани капут, знаћу Kei-jio, твој је...

ПЕЛЕРИНА

Слепи мишеви и ноћне птице палацају пред сломљеним прозором. Управа хотела два дана не поправља браву, не обезбеђује ишта прикладније. Подупрете врата, с унутрашње стране, ниским орманом за кофере. Неважно; и следећа ноћ, и ново место, и хотел. У овом, језеро плави снове брзим крилцима и свежином октобра...

Докопати се тог преноћишта... Furuichi и Okui, матори косооки инжењери, заспали су на задњем седишту...

У операционој сали: слика – на столу, лежиш... „What's wrong...“ – освестио те је Furuichi-јев прекор...

O., неподношљиво досадан у седмочланом тиму, задужен за нацрте болничких просторија намењених реновирању. Са *F.*-ом си трком развлачио зидарски метар. „Why?“ – упитао је, кад си згазио паука. Поклонио ти се, задовољан, на крају дана. Енигме религије (!). Учинио си то онолико разумно колико газиш педалу гаса пробијајући маглу и рану ноћ прикопчану за реку Дрину.

Добро је што спавају стари мрави; сумануто си журио да брату довезеш *омегу* којом би ноћас требало да збрише кући.

Хоће ли ипак питати Iimuru за дозволу? Или ћете се упутити заједно? Бити ујутру овде, спремни за јапански дрил...

Толико удаљени... Када би се, заправо, могло на неко време *стати* (у оној сали)... ,ужелети се, тако, поново живљења...

Крхка помисао... Мучнина мисли...

Попио си с келнерима на рачун Немца. Слушао о ценкању – проститутка у собу: дупло... да му, као раније, уговоре у кући с друге стране језера...

Гнушање, и узбуђење, за тренутак, потом под живим мислима о *Т.*, отиснуо си се...

Упознати таму теби непознатог града. Светлост фарова зури: флеке на затамњеним окнима – контуре репатих телашаца. Твоје неприпадање као штрајкачки транспарент, под ретким фасадним киповима. Ишарани птичјим изметом, суде безвремену. У игри трулих кобила, гомилају се псећи облаци. Под њима, њиховим накарадним режањем, небо је спремно да пукне. Кипови дрхте. Пљусак.

Терао кола преко железничких шина. Пробушио задњу десну. Мењао. Видео степениште ливено измаглицом и кишом. Мост над мостом. Себе у зноју. Очерупане, напуштене вагоне. Псе. И оне на Калемегдану – *чемерне гониче трамваја*. Бацао камење на ове. Одраних шака... Псовао на јапанском. Конструисао, попут дечака, нови језик. Пожелео, као старац, да се небо, налик рибарској мрежи, спусти.

Свиће...

У даљини, неко бауља дуж језера. Немац? Властодавка, у отрцаној пелерини?

Побогу, брат је нагазио неисправног *крајслера* сам!

Врата хотелске собе су одшкринута.

Забринут, чека тебе.

За пола сата је доручак...

ДЕПЕША

You're the night, Lilah...
Morphine

Пристигла на минијатурно техничко чудо (након непроспаване ноћи), поделила је путујући тим; по *Iimuri-nom* и мом јасном договору требало би стићи у Сарајево до 9.

Безумна вожња – врзмало ми се по глави док сам трком убацивао кофере у пртљажник. *Безумна?!*

Ура!

Напустисмо град у трену. Уђосмо у кишу.

I.-ја је морио позив из јапанске амбасаде; разлог његовог тиховања нису били потоци на путу (?) – секли смо их ко глисером. Вода под гумама, бацана при том, надвисивала је наилазеће аутомобиле.

Монотон рад брисача. Тунели, један за другим. Незвана, суморна успаванка... Кренух да сањарим о ноћима и тешком руму. Губио се у магли Ђердапске клисуре. Учесталим одронима камења. Заветрини Брњичке реке. Горким јутрима што су кишом умртљивала дане и затварала их у, бршљаном опточену, бакину кућу. Уз грмљавину, Дунав је потресао опустеле обале. Ветар на пристаништу вукао наша тела ка води. Чамци затезали ужад као пси. Стена Бабакај у даљини, попут бове урањала-израњала из успламсалог црнила. Промрзао и немоћан, осећао сам тада – никада више доживљену – топлину. Изнутра...

Једном смо обишли страну клисуре – стециште жилавих мушица; спуштале су се потоком из стене, улазиле у очи, ђаволски жарећи. Извориште им је, након небројених покушаја усахнућа, урушено динамитом. Нестале су. Овај пут заувек.

„... *тумарају*...“ – неко тихо рече. Протрљао сам поштено очи, појачао брисаче и гас, увезао нас у кишу и ситни град. Возила, заустављена са стране, отварала су пут. „... *даље од обале*...“ – поново нечији шапат. Још додадох гас, одушевљен снагом мотора. Кроз водом извитоперену шофершајбну, грабио, готово, напамет. „... *где вукови доносе пошту...*" Стиснух слепоочнице.

За једном кривином, улетесмо у зону слабе кише и Сунца. *I.* се коначно *пробуди*, предложи да отворимо шибер, искористимо рески планински ваздух. Наједном пресекли кишни талас, наставили (успињање-спуштање) грдно вијугајући. Сувозач је причао и причао, али нисам успевао да га разумем. Пушила ми се пљуга, слушао *Morphine*-ов „The Night", и стадох да размишљам само о томе. „... *прогутај варницу... избија под трамвајем...*" – још један шапат. Кришом, продрмах главом попут боксера.

Таман кад одлучих да потерам точкове још брже, опседнут сад већ неразумљивом тупоглавошћу, нога, без мог здравог разума, притисну кочницу – како је растао пред нама, успорено, као на филму, постајао сам свестан искрслог гусеничара. Силан притисак у грудима, и у стомаку од појаса, бубњање у ушима што прелази у заглушеност.

Заустављени пред *зидом*; одрон! Док сам трнуо, трапави радник у кабаници са закашњењем је млатарао прљавом црвеном заставицом, *I.* сморно, као будилник, откри: „Поновио сам више пута, не очекују нас пре 10?!" Напрегнух се да одговорим...

N.Y.M.M. 1999: „M. Sandmana загрлила Ноћ... Под фанфарама саксофона, поклекнуо је на бини..."

Клецавих ногу изађох из кола. Маших се за паклицу.

Путарима ће бити потребан сат за рашчишћавање. Бићемо у амбасади у 10. Тачни.

ВЕТАР

This body is young, but my spirit's old...
James

Испратио сам Јапанце на аеродром. Преостало је још да вратим изнајмљени аутомобил у агенцију; и ухватим аутобус за Београд.

Наш последњи заједнички посао...

Припалио сам цигарету. Поглед ми се, успорен, као чаршав беласав, пробио кроз лебдећи дим. Остао – помислих – *закачен* за жбун. Врапци су се комешали у њему.

Једном сам, посматрајући кавез с рисовима, могао да уживам у њиховој брзини. Врапчевој. Скакутао је по тлу. Рис се напео. За скок. Узалудан. Одлепршао му је испред брка.

Другом неком приликом, тај *скакутавац* нашао се на путу којим сам се стуштио. *Опкорачио* сам га колима, надајући се да, при том, није покушао да полети. Можда га је притисак, створен *ваздушастом пресом* под аутом, шчепао, за трен... Угледао сам га у ретровизору, из кога је, мајушан и, разумљиво, жив, одлетео.

Жбун је сенчио место предвиђено за проверу притиска у пнеуматицима. Врапци, својим крилцима, померањем малих листова, осликавали су на пристиглој трула-вишња лимузини некакву мини театар-позорницу. Могао сам скоро да назрем мајушне гејше и самураје у покрету. Онакве каквим сам их замишљао. Онако, како ме је знање о њима служило. Није ме могло послужити. Готово да ништа о томе нисам знао. Јапански тим ми неће недостајати. Живо сам мислио на кућу.

Пробијао сам се... Усредсређен на пут, саобраћајни мравињак. Аутобусе, шлепере – захуктале термите. При том, отворених четворо очију, због полицијских *заседа*. Кригла адреналина. Бунила – како је пријало, довлачило *посетиоце*... Као када се с неким, кога извесно време ниси видео, рукујеш и тиме, руковањем, оживите заједничке успомене, често ми се дешавало да за воланом, као сада, грабим напред... враћајући се, заправо. Прошлости.

Обавила ме језа ко змија... Знојавим длановима прођох кроз косу. Без јасног разлога, сетио сам се неке сахране... Нисам био међу ожалошћенима; случајно сам се ту затекао. На молбу другара, превезао сам његову мајку до Централног гробља. Уз објашњење, да ће је с парастоса кући вратити неко од родбине, изашла је из кола. Наставио сам уском улицом напред тражећи погодно место где бих окренуо ауто и вратио се назад. Укочих! Колона; поворка се приближавала! Чин сахране! Кренуо сам полукружно улево, вратио брзо ауто назад, до ограде, хитро га потерао напред, пун леви, до ивичњака. А онда, никако нисам успевао да убацим ручицу у рикверц. Познавао сам карактеристичан ход мењача; више пута возио сам овај аутомобил. Очуван, чекао је на власника-другара, када буде регулисао возачку дозволу. Пустио сам квачило, притиснуо га и поново покушао да пронађем жељени положај. Изнова пустио-нагазио папучицу и пробао, отпустио, покушао (...) нетремице пратећи поворку која ми се примицала! Препречио сам им пут! Какву непријатност сам изазвао! Видео сам момка који је носио крст. Снажан ветар га је заносио. Погнуте главе, на петнаестак метара од мене, још увек није примећивао додатну *невољу*. Не бих могао, у таквој ситуацији, да отрпим његов поглед. Одјекивало је свракино грактање, и мада тих, звук звона изобличено се одуживао. Трнуо сам, зној ме је као коприве пецкао. Као да сам био мали, затечен у негостољубивој кући у којој су се позната врата затварала! Или су се непозната отварала!? Мењач упаде у *слив!* Тихо се удаљих... Тих седам-осам секунди потпуне немоћи, плиме надолазећег стида, непријатности... Лудачког пулсирања целог тела...

Има ствари о којима човек ни са ким не говори. Ово сећање, након више од деценије, неки апсурдни ветар усковитлао је у мени...

Могао сам на хоризонту да видим део неба, мирно језеро. Изнад њега постројене црне облаке. Чинили су обалу, у ноћи; померала се, витоперила. Могао сам, кроз отворене прозоре, да чујем децу крај пута, њихове гласове, слогове од којих је моја свест склапала речи на јапанском, умарајући ме.

Птичурине, офингери на ветру, лебделе су понад минарета. У свеопштој јурњави, пожелео сам да на трен угледам неког врапца, скакутаву лоптицу-скочицу што измиче погледу. Прашина, гареж улазили су, напуштали кабину, ројеви мушица остајали на ветробрану чинећи чудну *хербаријумску* поставку. Мирис угрејаног асфалта. Горива... Планинског ваздуха. Да ли је шума, коју сам пресецао, присвајала пут, возила, пругу што се час додиривала с друмом, час измицала. Пролазак неког воза би ме освежио. Хватао сам бок планине, или брда, дугачки хлад шуме, привикавао очи на, знацима наговештавајуће, тунеле. Дугачке... Краће... Предуге... Ходнике неравних зидова, који су због својих избочина, на тренутке, и под фаровима остајали потпуно неосветљени. Успоравали су ме. Било би сулудо упустити се у претицање! Али, зашто да не!?

Као ветар прелистати Библију...

ВЕЛИКА МАШТА ЗА МАЛО СРЦЕ

Да сам се – још увек голобрад, четвороношке – домогао GB, Ирске или још боље Португалије, од старе удовице, која не би ни личила на *homo sapiens-a*, изнајмио бих гарсоњеру. Светлост отвореног фрижидера расхлађивала би ме ноћу, обасјавала започети рукопис о животињском свету. Заосталу срчу уз кревет. Након неколико недеља зазвонио би телефон. Био би то, разуме се, погрешан позив, а случајном саговорнику, озбиљним и самилосним тоном, саопштио бих да је тражена особа управо преминула.

Свеопшта *разуђеност*: становника, туриста, Тежоа што *опија* океан, и мене самог, не би реметила *слеђивање* у маси: звонког и усиљеног грохота. Пољубаца и палацања језицима. Прослава. Умирања.

Таксирао бих за станарину и кубанске цигаре; ноћна вожња приуштила би ми боце најквалитетнијег рума, а са упознавањем града и португалског језика – и све ређе модрице од оних који би да се провозе бесплатно. Слутим, некако тада кренула би слаба киша, и не укључивши брисаче возио бих на најдосаднију адресу. Као мачор на прозору, станодавка би ми погледом, који не би подсећао на људски поглед већ би сличио зверању звери, *пожелела* добродошлицу.

Још увек бих жудео да једном посетим норвешке фјордове, поредио их са делићима *puzzle-*а који се уклапају у тмасту бесконачну водурину. И небо.

Напунио бих 36 (што би у рукопису о животињском свету био двосмислен статистички податак, или би наликовао накарадној самореклами). *Путеви љубави увек су непоштени; сањалица је онај ко мисли другачије* – помислио бих на Леополдоа Кларина, Дон Хуановог земљака; спавао бих с газдаричином носатом братаницом. И каткад, што би било још одвратније, у пијанству би ми се указивало некада драго *лице*! Извитопереност би била извесна; између Португалије и Ирске – океан и море као кришке размазане таласима што би се развлачиле у подсмехе. Патетична би уистину била успомена на *младо лице* каквим га памтим, без ијене боре или пеге.

Ујутру – врелина. Сунчеви зраци би ме продрмали до буђења, и на трошном зиду моје тело пратила би његова фотогеничнија сенка (издужена, широких рамена – није склизнуће, читаоче); у крхотини од огледала угледао бих Никог, лишен уобразиље, било каквог поноса, лишен сапатништва којем су људи по природи склони, и коначно у мислима ослобођен сличности с *приватним* животом Кампуша. Пурпурних беоњача – помишљао бих – моје очи очекују ломљење оног што се на *крхотини* осликава. Две хиљаде осме, с муњевитим развојем науке, можда би разоноде ради очи могле да отпутују саме и налик медузама приљубе се уз прозорско окно: *Т.* би погледала море и мараму магле над њим пре него што се обуче, потом застане пред огледалом... у њему би угледала Свет... Но, он би и даље био *мали*, и можда би се и *Т.* једанпут нашла у мом таксију, придруживши се тако онима који су, рецимо, заборавили код куће новчаник јер им је дете тражило нешто новца за ужину (грозота!) или за луна-парк.

Док би напуштале возило, уверене да је коректно одглумљена неочекивана непријатност код мене наишла на разумевање, такве не би веровале да, осим склоности ка изопачености и злонамерности, уопште не поседујем смисао за хумор, већ из снова учим и донекле бих их прилично упознао, снова у којима бих их *фордом* прогањао, иритирајућим старачким гласом полушапутао сопствене исповедне лажи и гестовима (као и додирима) испољавао злобне радозналости. Да ли сам споменуо злураде којештарије? Пардон... перверзне накарадности! О, да. И, без даљег ценкања, смејући се попут хијене, прегазио бих их!

P. S.

Купио бих квалитетан так и уз *фадо* до изнемоглости билијар играо лоше и *тужно*... Јер и машта има своје границе.

НАЈКРАЋИ РОМАН О СМРТИ

Сви беху скучени. Осим деце. Нисам упознао срећног човека. Као што, рецимо (*уби* ме сећање), нисам успео да закуцам лопту у кош.

Најбољи терен у блоку – ваљане асфалтне подлоге, прецизно обележен, с фином тробојном кошаркашком мрежицом; покушавши једном, између партија уличног баскета, да закуцам тениском лоптицом – ђавола (!), испала ми из шаке а у њој *остао* обруч. И ехо: крррк! Оде табла... И ја, радостан што ме старији баскеташи нису васпитно намлатили. Ето срећника. Али, нисам могао да сретнем себе самог, зар не? Осим у сну. Али, у сновима нема логике. Имао сам 17, и још шест месеци након тога, сан... И ту, пошто сам *смртно* лењ, не бих се упуштао у подробнија објашњавања... Шансу да живим од спорта, нисам искористио. Сажаљење? Зашто да не...

Тринаест година касније, то сећање тупка ме по потиљку...

Уозбиљи се, несрећниче!

Новембарски сам ветар што носи дим низ Влтаву. У предграђу, запаљена аутомобилска гума; повици, узводно...

Ако се и ти окренеш: сумаглица и ноћ... Фијук! Развуче се црвенкаста светлост штоперки за црним *аудијем* дуж ружног, дугачког моста. Једном ћу се слупати, знаш...

Сада сам овде. Девојка дрхтури у локалном кафеу након обиласка града. Метро, због поплаве, у овом делу је затворен. Од таксија на позив – ништа; дадох се у потрагу.

Звона катедрале Sv. Vito пулсирају. Ноћ клизи низ ограду прозебле куће. Помиловати слеђене, коване завијутке; стабљике руже. Из издуженог прозора бризну светлост лампе, и ја наставих напред дувајући у промрзле дланове.

Полутамом низ калдрмисану стазу. Земљом и сувар-цима прекривене камене степенице. Река, што се пре неколико недеља пела до кућа, доброћудно пљеска кратким воденим шакама. Патролни се пробија ка центру; слоних се од продорног плавичастог снопа. Застао, у чучњу. Припалио цигарету. Удисао реку и пристижући мирис снега.

И, зашто живот? Маршрајућа тишина, прикривена плитким дисањем умрлих...

Убрзај!

Видео себе на крају улице; претрчавам раскрсницу и ускачем у трамвај. Клатеће страшило што пропитује путнике. У наредном. Погрешном. Цвокоћем на станици... Трзам се као риба...

Убрзај!!

Жива новембра – отпала, заборављена потковица. (Срећа је у хладноћи, човек кадар за журбу?)

Преко пола замрлог града, до хотелског паркиралишта. Загрејао *ауди*. Којим путем до оног кафеа? Залутао? (Пар деценија, прецизно.)

На такси-станици, издао сам неком бркајлији директиву: он жури, ја за њим. Пратим; сигурно. Али, како је спор?! Заборавих да унапред уговорим цену; биће то дуга, обилазна вожња. Ветар, оснажио, дрмуса кола. Црно небо се надима. Мешкољи крила злослутни гавран. Пресликава мисли – провејава суснежица. Пахуље се укрупњавају... и укрупњавају... и укрупњавају... Праве беле крпе, верујте...

Готика. Железница, аутомобили и ресторани. Кафеи. Девојка? Мртве су ове прашке улице. Кафка. Моцарт. Све улице света...

Нико ме није питао да ли желим да се родим.

МОРА

Стене ко рогови. Мрљани сланом пеном таласа, пробадају ваздух. На пучини – *тачка*. Док се два монаха, у полукругу око винограда, успну до манастирског улаза, брод већ ишчезне.

Тринаести је век, и изградња манастира при крају. Замислио сам, и *осетио*. И потом, ништа.

У његовом средишту, пред бунаром – нагнуо сам се, свом зачуђеном лику, међу, за срећу баченим, новчићима, намигнуо. Обилазио просторије. Вратио се бунару. Упитао...

Под столом манастирског музеја, керуша. Стомака налик гајдама. Чврсто озидано, време ће оживети новим дахом... Мој се приближава крају – помислим. И, ништа.

Стара продавачица, с озбиљним ожиљком на руци, окренута леђима; на прозору, ка мору, лупа орахе. Двапут је позвах да платим разгледницу. Потом се мимоиђох с некаквим црквеним главешином. Није се ниједном освруно. Као дух. Црн, миран талас...

Спустисмо се на плажу. Нахрупели облаци навели су нас у *The Corner cafe*, на ивици залива. Удари ветра и воде. Потом и жагор; тројица дечака, спремна да са двадесетак метара високе стене скоче у оживело море. Ветар све јачи. Чуче на врху, дуго. Ништа, помислим. ХооОп! Најхрабрији је, учини се збуњеном уму, брже испливао него скочио. Бесмислено – као да су му и таласи аплаудирали. Она двојица се спустише нешто ниже и придружише му се у пени. Потом, ветар...

Из Палеокастрице, ка Виду. Костурници...

На барци нас ухвати киша. Налик поласцима у војску – патетични *ред вожње*. Киснуо сам на степеништу... представивши сваки степеник драгим бићем... С малодушном

помиреношћу да се нећу *вратити*, опростио се и од солите-
ра у којем сам *рођен*, и од улице...

Српска кућа, у повратку. Фотографије...

Кустосово, крајње монотоним гласом, декламовање
историјске приче. Дечје кликтање као у делфина. Старија
дама срче мужу стихове међу фотографским записима.
Кажипрстима зачепих уши како бих заиста *чуо* и *видео*.
Могао сам да, пред фотографијом умирућег редова, осетим
бол.

Све од данас, заборави сутра. С девојком у изнајмље-
ном *фијату*, параћу морски ваздух.

У кабини – тишина. Тело без парчета меса.

СТРИП

And if a double-decker bus crashes into us
To die by your side –
Well, the pleasure and the privilege is mine...
                                    The Smiths

Ја, Д. Д., кадар сам да вам причам о дубокој, зеленој води. Како да почнем...

Киша се распљуштала. Коначно, вече – суво. Низови мрачних пасажа у предграђу. Туробних зграда... Штури, сури Београд. Али, као што је *П. Х.* у сивилу Балкана умео да препозна лепоту, и ти представљаш себи Б. пријатним. И што си удаљенији од градског језгра, све је суморније. Односно, угодније. У предграђима, када зарониш дубоко, језа...

Подливи око слепог ока, облаци су припојени Месецу. Посматра те, посматраш га. Разоткриваш: сврби те ресица десног ува.

Да би стигао до речног мола, где се јато гусака локалног парајлије, мешкољећи се у води, препушта сну, требало би проћи поред бродоградилишта; потопљеног небригом. Кранови, хангари и њихови лимени кровови на ветрометини. Једноставне ноте искиданости...

Зарио ципеле у влажан песак. Осврнуо се. Сео. Стиже Ж.

Е, те девојке што оговарају неке тамо боље, који такође увијају *џокере* и буље. Буљите... Реком крмане отргнуте гране. Махале су, донедавно, лађарима. Рибарима су мрсиле струне. Љуљушкале уморне птице.

Аритмични таласи...

Гуске се криве у свом и вашем полусну. Мостови, у даљини, ко жице за сушење рубља; покретне шарене штипаљке – возила; а испод лелујава измаглица и смрадна испарења. На радост зимогрожљивих, димњаци су поцрвенели, испумпавају гареж. Искривљени облаци око Месеца, гле, налик су качкету за голф; лакмус... небо, без обзира на своје расположење, хировита је привлачна жена... Али,

40

људи, на окретници железнице, што перу вагоне(!), четкама на толике слонове! Контејнери се пуше. Ноћне птице, лутајући преко сојеницама и сплавовима начичканих обала, са сваким замахом ближе су храни.

Један бандоглавац што држи голубове – прича Ж. – не пушта их због јастребова. И јаког ветра, каже, однесе их ваздушна струја и не виде да се врате. Свеједно се не би вратили – кажеш. Свеједно их не пушта – каже. Рецимо, тај човечуљак примеран је пример побијања Дарвинове теорије – паметујеш – људи су постали мајмуни. Тај бандоглавац сам ја – каже.

У клинчу с матицом, барка с импровизованим мотором, режи, ритмично. Огрубелих гласова, крећете у песму Tom-a Waits-a. А, онда, наиђе шлеп...

Мада, овде нема богзна каквог посла за Бога. Ж., грађевински инжењер, смислено гради свој живот, а ти не верујеш у Бога.

По повратку из војске М. Л. се убио из очевог пиштоља. Дан уочи тога, с њим и П.-ом (који се мајмунском снагом одупире хероину и тродонима), жицкао си цигарете. Висили су на терену. Они убацивали баскет, ти, ослоњен о конструкцију коша, трошио заједнички штек. (Предосећај? Никакав...)

Пар година касније, А. С.-а је, у покушају пљачке девизног дилера, дилер убио. Дан уочи, пресрео си га у шетњи његовог тупоглавог пса (прегледу терена, беше јасно, после). Његов пит још увек гега своје мишиће... (А, шта је с његовим животињским предосећајем било?)

Први кораци су најтежи. Ж. и ти не сећате се како сте доспели у *English-pub*, на окретници трамваја. Точено светло, црно... Другар Ж. је саслушао нацрт за твој роман (од почетка до краја), који нећеш написати. Скренуо ти је (обазриво) пажњу на део који би требало да буде снажан – бол – поткрепивши савет уверљиво; недавно је остао без оца... Роман је требало да прикаже: Лондон, Лондон на 60°C, мртви Лондон... „Гарсон! Момак! Еј, бре! Точено светло, црно!"

Од тада, ниси видео Ж.-а. Одлучио да се доведеш у ред. Оставио цигарете, порастао, смршао, купио црвену кошуљу и сако, *бубу* кабриолет, перфектно научио енглески...

СЦЕНАРИО У ПОКУШАЈУ...

(Месец.) Тридесетогодишњу породичну *бубу* грицка киша. (Месец.) Завлаче се мишеви, за њима мачке и пси у натруле процепе. (Месец.) Прагови и широки блатобрани – осушена крилца. Ускоро, ту, на тротоару, аутомобил ће оставити своје *кости*.

У њему узнесен сном низ отворен пут, или саобраћајним полузагушењем – вијугам другим колима нападнут *маларичним мислима*; на месту сувозача – у мом обличју – из цигарете извијуга дим, који на свако моје питање истовремено одговара: да и не...

– Војниче, зашто си необријан?! (Али, још увек сам голобрад...)

– Улице, градови... зар инсистирати на њима? (Шуме су ту даље од облака...)

– А вера? (Деца смо, разумљиво, својих родитеља. Ако смо и божја, Бог нам је очух...)

– Али, вера?

Уграби слободан паркинг! Ветар ме повуче у страну, шапне (мада то није шапат) – хууу (!), (мада то није ветар).

Предао сам дознаке за боловање; одмеравали ме у кадровској служби с неочекиваном ненаклоношћу. Страхом да их не заразим? *Можда* – грицкалица неизвесности постојанија од човековог *неприкосновеног, праведног* – Ја... Грип ми грчи мишиће. Приче... Приче... Грчеви...

Уместо у кревет, отићи до продавнице компакт-дискова, и Павела Плоца, некадашњег диск-џокеја. Одменити га накратко, како би Павел скокнуо до тоалета, или по марихуану... П. Плоц нема возачку дозволу, а најрадије би возио тенк. По улицама... Војску неће служити; просто би да ваља грдосију и с ње мокри по луксузним аутомобилима. Узгред, пелинковац и кафа у комбинацији, за њега су чудо цивилизације...

(Овај што је дошао, прича.)

Прошле недеље, код Хале спортова, у аутобус је ушао псић. Сео на под, наизглед задремао, при том *успављиван* грајом путника, фотографисањем мобилним телефонима. Ту, где је јутро: подмукло лактање, шкргутање... „...вештачким, сталним и млечним зубалом...“ – убацује се Плоц. Дабоме, и млечним. Како је ушао, због чега је изашао на трећој станици – стресао се, посматрао начас отворена врата, и истрчао, ни за ким видљиво? Пратио сам све то с крајњом пажњом, сасвим расањен... Је ли, Павел, како поверовати да ово има везе са инстинктом?

(У продавницу улази привлачна девојка, и ћути... Један *брзопрсти* пребира по поређаним дисковима као да куца на писаћој машини. Утом, уредни *времешко*, закачивши ону девојку ко жаба набреклим несесером, затражи да купи све чега има од неког Истона...)

Несвестица...

(Сценографија с Morii-san-ове фотографије: улица у којој живи, у Токију, у трешњама, кућа.

Монолог:

Изблиза... како изгледа Јапан? Можда се ја некако будем докопао Шкотске или Алжира... али Нипона... Дежмекасти Morii и остала четворица с којима сам радио две сезоне, свако ведро вече чаврљали би о звездама. У Токију се не могу видети од јаког светла реклама, бандера... Ако су ме правилно научили, ружа се на јапанском каже *бара* (с меким р). Значење баре (с тврдим р) нисам успео да им објасним. Небо ко небо (?). А, ни Јапан ме не занима.

Тај што је причао пали цигарету, пожали се на ватру у грлу, посматра жар цигарете, наставља да прича.)

С неког рођендана, требало би да се сећам једног с наочарама. Не сећам га се. Укратко, жена му је забранила дуван. У повратку с посла кљукао се ментол-бомбонама, а воњ одеће правдао задимљеном канцеларијом. Кући, пакле је, као основци, крио у лифту, на горњој плочи крај сијалице. Ноћу се искрадао, позивао лифт, и цигарете. Како је изашао једне ноћи, чу шкљоцање браве и помисли да су се врата закључала за њим. Без кључа, провео је, вели, Трећи светски рат на степеништу, не налазећи оправдање кад буде позвонио жени у три ујутру, у пицама и папучама. Пришао је покуњен звону и схватио да су врата, како је и требало, остала притворена, а да је вероватно први комшија, будан и сумњичав – ко се то мува у ходнику? – затворио своја врата... И даље пуши на послу, а и кући, ноћу.

Престаје с причом. Моли Плоца да им из ближњег кафића донесе чај с лимуном, и пусти диск који је изабрао. Овај креће (по пелинковац и кафе, дабоме).

Музика из: „Срећан Божић, мистер Лоренс"...

Нациркани статиста, који би требало да представи самог Бога, спуштајући месец од стиропора, промрља: „Прислушкуј за мене... премда, ја већ све знам..."

Светлост рекламе-гитаре и њена рефлексија по шаренилу дискова... „Време пролази, Боже..." – стење грипозни, осврће се, покушава да се присети текста... „...Када Сунце буде оседело... дабоме, имаћемо два Месеца..."

У ОКРАЋАЛОМ КИЛТУ

Нови Сад. Београд. Даблин.

Ипак, готово све је предвидљиво?

Настајања, померања и нестајања. Појављивања.

Дописивали смо се; у електронској форми речи су прелетале континент хитрином репатица, остављале за собом чегртаљке – месецима, до новог писма – да неизвесношћу прете рањивим слепоочницама.

Допутовала је *Т.* са *острва*, и горко се покајах не само због тога што сам пристао на сусрет; брзоплето сам јој понудио превоз.

Титраји брезиног лишћа које не могу да пратим, жалосни наклони врба дуж Дунава, наизменични завеслаји са барке и ударци бућке – блиц-слике прелазе у мени упућене гласове, у подсвести дуго испитиване, сада се сливају низ моје ушне шкољке. Друкчији тонови ће одјекивати доцније; као кад на уво прислониш морску шкољку – ослушкујеш *даљину, лутање и ветар*. Недокучиву *дубину*.

Аутомобил јури – то је његов темпо – свесно не диктирам његову брзину. Долазак ноћи је спор, поклопац што се ишчекује после бдења да буде постављен на ковчег, да бледи слику покојникове мраморне образине, и поврати сећања на његове жустре или благе мимике за живота.

На хоризонту блесну. Облаков крик осмисли наш бојажљив дијалог.

Јасно ми се указа балон који нас је, затечене бесмислом у стану поткровља, покренуо да покушамо сустићи муњевитост августовских свитања, или узмицања ноћи – прави правцати балон пловио је преко петроварадинске тврђаве. Силуета у корпи није се дала назрети, али пламен је буктао као из рафалног хаубичиног грла. Занемарили смо ноћ проведену у ћутању, и на тај прескочени зупчаник убрзо наишли – *све иде укруг*; сузио се, кренуо је да стеже.

До пуцања. (У кабини, као из осињака, разлетеше се сећања...)

Још неколико пута у даљини севну, придајући громовима извесну *лењост*.

Све захукталији аутомобил озбиљно заносе удари ветра. Растерују маглу и поново је наносе на пут.

Љубавкаокако? Блиско јој је лудило? Кретенизам (ублажио бих)? Уобичајено поређена с пецањем. Постоји нарочита техника израде бућки. Потом, њена примена. И ловина, до које свако понаособ долази сопственим путем – уз муку, или стрпљиво и прорачунато, или пак срећне руке? *(П)остати испуштени сом?*

Како било – на месту сувозача није потребно да седи Џојс или Холан и пева о *болу, о два Месеца и самоћи...* Девојка, што је на кревету скакала уз *Pogues*-е, уз коју сам усвајао Бетовенове мрачне симфоније; угледао сам је у подне на уговореном месту на аеродрому: *бонсаи* што захтева посебну пажњу и стрпљење? – заправо, оно што сам знао од трена кад сам је први пут видео, покретну *коприву* на асфалту.

Олујна ноћ се управо спустила, приближила нас сенкама. У магли, фарови су исплазили кратке језике и развезли дугу причу.

Т. се није везала појасом.

ПОИМАЊЕ ВОЖЊЕ

У деветој години, отац ми је указао поверење: сео сам за волан *бубе*. Потерао је. Глатко. Од тада, једна од мојих кућних обавеза сводила се и на премештање кола, лети, с паркинга испред зграда у хлад масивног степеништа. Предвече, вратити ауто на паркинг, испод неке бандере. Време када је крађа и *бубиних* делова била уносна. Скину ти фарове, раткапне... точкове, преко ноћи. Моћним се осећао један балавац поредивши се с вршњацима са села који су јахали коња; овде, било је речи о далеко више *коња* – присвајао сам полако основне термине, и што је битније, навикао и најнамћорастије комшије да подухват, којег сам се латио, представљајући га себи најважнијим на Свету, прихвате као уобичајену дечју враголију.

У средњој школи, подвиг је било путовање од Београда до Новог Сада. *Крали* смо *тристаћа* од оца мог друга. Искушавали срећу. Неке наше *ривале* – у *стојадину* – напустила је. Најпре беху ухваћени од милиције. Потом су слетели у њиве. Преврлали се при 120 на сат...

Кад сам положио возачки, уследило је изненађење. Наиме, син очевог колеге доживео је саобраћајку у ганц новој *дети*. Због бриге, ћале је био спреман да заједно идемо у град увече – ја у ноћном клубу, он цеди у колима?! Био сам очајан, везано псето.

Један рођак, у то време, није знао шта му је чинити с оронулим *форд таунусом*. Уместо у школу, упутио сам се у Ниш. *Форд* је био у возном стању – распадао се од трулежи, није имао ни кочнице... Сложили смо се – за дан могу глат да пређем деоницу до куће. Пажљиво! Па, лагано сређивање запуштене *бараке*. Кад сам стигао да га преузмем, због језичине мог рођака – за његову дарежљивост морао је да зна и последњи нишки пијанац – моји родитељи су му најозбиљније припретили да *таунус* остане ту где је. Претходне ноћи нисам спавао. Мислим да сам се тада и зацопао у тај *фордов* модел из '74-е, подједнако га волећи и данас. Јасно, обожавам нове моделе. Нешто налик првој љубави? Ако кренеш из срца, без смисленог разлога, имаш барем неког изгледа да останеш заљубљен? Љубав ми, као што видите, није јача страна. *Бубу* и *таунуса* желео бих у возном парку (овако је једноставније), поред најскупљих модела. Клонимо се љубави – отровно је то.

Отац је попустио. Често сам родитеље, по повратку из града, у ране сате, затицао како дремају у дневној соби. Чекајући ме.

У вожњи, страх, изазван неким реалним опасностима, стизао ме је накнадно. Можда, као вино... нисам сигуран, вино не волим. Након извесног времена, осетио бих пресецање по стомаку, језу – због оног што се могло догодити. Не кажем да сам био присебан, само се у датом тренутку нисам плашио. А, волео сам да попијем. Возио мортус пијан. Раније. Ако могу да стојим... Успевао сам да држим правац; семафоре и све остале *авети* искрсле са стране, нисам могао да разазнам. Паркирање је, такође, било праћено дезоријентисаним маневрисањем. Ујутру бих, након поштене потраге, пронашао аутомобил, у положају као да га је неко насумице *спустио* на травњак између блокова. Прошлост... Не тако далека.

Хеј, одврнеш музику, омамљеност *одгриза* време, парче по парче, као у неком споту... али, чему сад то...

Прави ударац, у вези с мојим поимањем возачких способности, уследио је, како то обично бива, случајно. Хоћу да кажем, нисам имао аргументе да придикујем. Икоме. Пролазећи крај гаража новобеоградских блокова, остао сам слеђен вештином једног момка – окретао је *голфа* на двадесетак метара раздаљине под ручном с невероватном прецизношћу, на десетак центиметара од паркираних аутомобила. Био је то рели возач, сазнао сам, утучен. Тада, постало је јасно да сам, у најбољу руку, просечан возач аматер. Није то помутило моју наклоност према аутомобилима. И даље сам их доживљавао као жива бића.

Човек без кола, није човек – урезало ми се из неког филма, којег се не сећам.

Каросерију *бубе*, на тротоару, корозија нагриза ко болни каријес.

ЖЕЂ

Неколико знаних лица, након пет година... Подређеност сусрету; нераспознатљива улица ноћу, у повратку згрбљеним солитерима, сенкама доцртавана... Спремљена документа за Португалију. Тренуци када те – не разум – него осећај, усредсређује на краткотрајан бег... Космичка процедура добијања дозволе... Неће ме завести Атлантик. Лисабонски котрљани. Шинама размилели по белим боковима...

Јутарња жега. Расположен непријатељски. Француска амбасада сече: добро дошли. Дођите.

Дођите... Дођите... Бомбардујте... Више од часа, жена и ја прелећемо Алпе у том подухвату. У измилело јутро, обрушавајући се; Ајфелов торањ ко *глинена чапља*. Полукруг око Шарла де Гола – тренутак пре него што ће аеродром запламтети (од Сунца), оставивши део писте поштеђеним. Укрцани у RER B, колaмо подземним железничким крвотоком. Уз помоћ *ратне мапе*, лоциран неугледни хотел под Пигалом. Тако треба. Напустити клише-турист-програм. Не и своју злонамерну страну. Непоштено? Ни случајно! Улице су прекривене нагазним минама. Пажљиво. Псећа гованца. Французи!

Французи, окупите се, продаћу вам будзашто ваш чувени кекс *Le Petit merde!* Али, натраг очекиваним правилностима! Рано је јутро. У тору туриста, кроз версајску капију. Свако држи фотоапарат као пиштољ. Нишани час лево, час десно, горе, доле. Важно је видети кроз објектив, не својим сопственим оком? Шест ласта, два врапца, и балегу, испалу из вреће прикачене вранцу, што му, упрегнутом у кочије, дере дупе. *Belle... Mon miroir... Mon clef d'or... Mon cheval...*

Француски је леп (вероватно као и други језици), зависи од тога ко га изговара. Лутајући краљевим одајама, питам се како је Луј XIV – свакако упристојен на портрету, изгледом обична баба – издавао наређења. Полазим од себе, да не би било забуне – нико сам и ништа, али оно што без претеривања могу да претпоставим: Луј-лујка (ето порекла жаргонског израза), боравећи у овом луксузу, није добио прилику да буде виталнији од просечне бабе. Мењај ток! Свеже је. Али рано јутро. Људи су били успорени. Њихови покрети, као у води. Окретнији смо, на обали... Сена је здесна, мала, премошћена са скоро четрдесет понтова, уоквирена косим каменим зидовима. Баченим каменом или одока није јој могуће одредити дубину. Напред је Нотрдам. Али, прво Дорсеј (преко Сене), па натраг у Лувр... „Les docks of Cardiff“ – слика Lionel-Walden-a, железница, у тами, угљеној прашини и диму, 1894. (Врелина...)

Старица у црној одори, ослоњена о велика дрвена врата, подбочена кесама, у полусну, Rue De L’Isly, наспрам ресторана *Sent Lazar*, 2005, дело мог изанђалог дигиталца. „Мадам Моник“, креће прича доконог конобара, с врата ресторана, преводи ми жена, „... Моник, некада најлепша играчица Мулен ружа... Сада видовита... За пет евра, може вам причати исцрпно о гиљотинирању... Данима када је Француску притискао огроман облак, утискујући попут печата мемлу и буђ. Кугу. Колонама измрцварене војске, с удовима патрљцима, мртвим живима и живим мртвацима, што пролази кроз кордон курви и просјака – обарају редове на зачељу, отимају им чутурице и хлеб, изувају чизме, деле их међусобно ћопавци, лева левоногом, десна десноногом. Племство на златогривим коњима, и црква; урлају звона у част херојима, и прећуткују о наградама... *Мадам*, којој је пророчица, пре него што је ова и сама стекла божји дар“, без паузе, с променом интонације у говору, наставља домишљати келнерчић, „предсказала да ће је једног јутра из сна пренути, шкљоцањем апарата, топлотом ошамућени Шпанац, да би му читала из длана...“ Србин, бре, какав Шпанац (?!) – одмахујем. Утом, просјакиња се буди, открива лице под капуљачом. Али, то није старица... измождени косматстарац. Одлазимо. Корачам тромо, притиснут врелином, ипак радостан што су ми фотографије видовитог *Мадама* успеле.

Осушеног грла, у сумрак, испред Црвеног млина. Мучнина. Обливен хладним знојем. С нарочитим трудом глумим уморног туристу, али мисли прхну као птице у лову... Монмартр...

Још увек онај старац лежи тамо, јаснији него на фотографији. Волео бих да је тако. Али, све ме наводи на помисао да су врућина и жеђ изгнале дух из његовог тела. Мртав је, у облетању ноћних птица око светлеће ветрењаче. Сексшопова улаза полузастртих црним и црвеним завесама, у редове постројених. Међу проституткама је; његов дух отолотворен у тихом ветру међу младим мелескињама. Пратим га, прати ме, мој спори поглед – без иоле радозналости чека отварање врата квазируског ресторана *Светлана*. Губи се у полутами, као и мој вид. Желео би да проговори, промуклим, мојим гласом. Обара нестрпљивог мотоциклисту и његовим широким чопером једнотонцем нестаје низ нејасне улице Пигала... Опет је ту – жели да седне за волан моћног 300-коњаша, и да се кроз бројне петокраке раскрснице дочепа Шанзелизеа. (Свих ових дана) жељан утркивања широком авенијом, од Конкорда до Тријумфалне, па даље ка црним небодерима... Али, наједном, осећам се боље. И *он* је нестао... Ноћ диже Месец високо; пролазимо крај бара *Le Clauzel*, где смо уз кафу започињали дане, а пре неко вече са шесторицом Француза пратили финале Купа шампиона, у први мах опрезно, потом сам отворено навијао за Енглезе... (Али, и они су...)

Последња ноћ у Паризу. Оно што је водило до ње, уз обалу Сене, беше катедрала. Колико само увеличана у причама, филмовима!

Пењемо се узаним, кружним степеништем. У пратњи музике, из њене унутрашњости – требало би да је реч о миси; миси за туристе – готика, нешто између *Грегоријанса* и *Енигме*. Веома комерцијално, веома пријатно. Али степеницама никад краја. Све је подређено туристима, и чини се да ће ускоро успињаче дохватати врх Нотрдама. Коначно горе, без даха. Оно што засењује градску панораму – Сена је кичмени стуб града, тек одавде могу да видим – преда мном је: статуе, десетине, десетине нејасних звери, ко бодље штр че из тешких готских зидина... За мене је једино разумно објашњење – да би плашиле народ; црква је затрашивала, монархије бодриле... Ко зна колико бих још остао онде, шчепан, у зверињаку, да ме жеђ није притерала да се стуштим низ, од стопала-таласа, углачане степенице. Претичући при том уз, ехом појачан, бат корака зачуђене, уза зид склоњене туристе. Жена је нашла место близу катедрале, у кафеу *Esmeralda*. Два *Квазимода* из Енглеске испијала су точено пиво. Похитах да их стигнем. Желео сам у миру да посматрам грађевину, али блебетави *пегокошци* лапрдали су не слушајући један другог. И још једно, и још једно точено, и ускоро сам их претекао. И отишли они, а ја покушавао да прикријем пијанство, али кренух – мимо воље – да се кезим и узвраћам зверима што су попут моруна напуштале зидине, настојећи да ме зграбе.

Сећам се преседања из једног у други метро и изласка из подземља на ваздух – Монмартр. Запалио сам цигарету, и остао забленут у ветрењачу Мулен ружа.

ПРЕПАРИРАНИ

Накривљене бандере; штафелај с електричним жицама уместо платном. На *слици*: анђео. Ногом обешен за кабл. Кад птица додирне обе жице, страда; остаје нејасна галебова смрт? (Удар...)

Поставивши јутрос шефу *неугодно* питање у вези с одмором, приметио сам његову неуобичајену, изражену тромост. Трен касније, мирно и ауторитативно сам одбијен. Поподне, време се двоумило, претапало из кишног у несносно врео дан.

У 17 h нацртао сам се преко пута Лида, смирен, на обали. Чамцем, који смо – бежећи с часова у средњој школи – позајмљивали уз моторчић и кантицу бензина на молу, стиже другар. „Та је...“ – потврђује ми за барку; пре неколико година за њу је трампио свој стари аутомобил. Сечемо надошлу речну телесину. Лењи за разговор.

Пред пут у Париз отишао сам до директора, да бих затражио слободне дане – имам их преко двадесет. Његово узнемирујуће негодовање подсетило ме је на рапорт у војсци на који смо морали да одемо због вожње *пинцгауера* по кругу касарне. Забрана одласка на викенд до даљег, изласка у град, прекоредна дежурства, *добровољна* стража... а сада, одуговлачење с коришћењем мог годишњег одмора... О свему томе, имао сам потребу да говорим. Али, сетих се: није ми нимало лакше после разговора...

Благи ветар је појачао отужни воњ реке. Смета ми мирис мора, мало. Не само због тога, склон сам истицању језера. Не тврдим да ту нема мириса, једноставно нисам сигуран.

Неколико галебова у даљини препирало се с аласима. Крици и гунђање, прекинуто пристижућим деблом. Један од рибара довеслао је до њега и склонио га од мрежа. Дуго је дебло пловило ка нама. Спорим потезом нацртао сам птицу на песку; изгубио дебло из вида...

Смењују се мириси, мешају међусобно, надјачавају. Понекад подсете... на женски парфем, не знам му назив и све је ређа прилика да сазнам; горим од температуре, потресан грозницом...

На рекреативној настави, опсовао сам матору учитељицу; не памтим њен мирис, само зло, и једина пажња потекла је од докторке из диспанзера. Њен парфем, и прегледи... Чула је за мој безобразлук и свакодневне туче; без сумње строга, али по мом убеђењу деветогодишњака у невољи, заузела се за мене – мерила ми је температуру, проверавала да ли узимам редовно лекове.

Променио сам у десетој окружење и школу. Мирис новобеоградских градилишта. Мирис златиборских четинара и прљавих хотелских ходника. Злосрећни излети. Смрад дувана, огромне хармонике и колоњске воде незгодног учитеља-брке. Играо је фудбал с нама дечацима, својски нас напуцавао *бубамаром*, тако да остане отисак петоуглашестоугла на бутини, дебљим играчима и печат на грудима, стомаку... У таквом, мени разумљивом, жару борбе, и грубљи фаул беше саставни део игре... Инатан и ојачао, нисам допуштао да ме претрчи. Након неколико дана размене шутева по цеваницама, наредио ми је да отрчим до огромног храста на брду (*жути картон* за непослушне и смотане)... а ја и његов храст и брокове и хармонику *љуто опекао*... Хотелска соба у којој сам морао да одслужим дводневну казну, баздила је на, девет година касније, стражарско место бр. 4 – магацин са старим наоружањем и устајалом војном опремом. Воњ је просто избијао из зидова бараке.

Мирис Правног факултета... опушти, устајалост и нека врста ималина за чишћење и глачање подова... Мирис реновираних свлачионица новобеоградске Хале спортова... Кожних кошаркашких лопти, тек постављеног паркета... Пораз до пораза... Ударац по ударац... Боја се не сећам, у овим збрканим *наносима* немају мирис... Као у *теорији боја*, или непријатном сну... Галеб виси на каблу – бело-црно... Галеб – црно... Црно...

ЗАВИЈАЊЕ

The sun always shines on TV...
                                    M. H.

Много сам *лајао*. Да бих ишта постигао. Седам година сам и *гризао*. Па, да говорим, онда, као деда? Смрт ме оправдава? При уверењу сам, и овако, да се нисам ни родио... (Тренутак, да отворим поштару.)

Небо – телевизорска екранчина – заварава... својим облицима, усијаним, ватастим, брзим, атерирајућим, мортус пијаним, дозлабога досадним... (Где ли сам оставио дуван...)

Уживо нисам чуо звук мандолине, мислим... Али, оно што није у вези с пуком срећом, чини ми се, не може послужити...

Галебови крици с реке... Узнемиреност? Самоћа? Алавост...

Ноћ. Најављена стројевим кораком; густа киша и громови – напашће град. Авион, у некаквој *противпутањи*, жмиркаће изгубљен. Одбијан од торња, свог *спасоносног* контрасветионика. (Како ме само жига зглоб леве ноге...)

Донедавно сам са седмог спрата, ноћу, уходио град. Рекламе, немирна светлост аутомобилских фарова, распламсавале су илузију страног велеграда. Преселио сам се у солитер. Други спрат. На мене кроз прозор мотри широка крошња (неколико старих бреза окружује то дрво). Октобар разоткрије гнезда по његовим гранама. Тиме што могу да их видим са сваког прозора, поверена су ми на чување? Осећам замарајућу обавезу; кућепазитељ оних пискутавих, свадљивих, шпијунирајућих?! Одавде не видим град. Сада он види мене – кроз очи и крила малих бегунаца. Замерам им што одлазе. Враћају се, и својом раскалашном буком не откривају ни мрвицу о супротном полутару. *Прогнани су сваке године двапут* – поверавају ми њихова гнезда. *Створите им услове* – меша се Месец – *долетеће до мене и нагрдити ме...* Зар ја да пресудим у овој збрканој *новели*

коју сам испровоцирао? Протегнем се тобоже заинтересо-
ван, као Смрт, и да чекам?

Несналажљив сам, што није нимало тешко, али жилав
ко страшило...

Стари теретни руски авион је пре неколико година
облетао у широком кругу све док је имао гориво. Пушио
сам марихуану, пио рум и слушао *запомагање* његових
мотора. Омамљеном ми се и допала несносна бука која се
периодично надносила нада мном. Авион је завршио на
пољима, далеко од новобеоградских блокова и аеродрома.
Посада није имала ни исправне падобране...

Једне ноћи, такође на седмом спрату, пробуђен бле-
скањем и ударима ветра о прозорска окна, с балкона сам
усхићен пратио кретање громова. Из ударца у ударац, при-
ближавали су се. Громобран суседног солитера је у тренут-
ку упио *силу*; у први мах бејах заслепљен, изненађен својим
лошим прорачуном, потом уздрман тешким ударцем тре-
ска. Накнадни страх потхранио је моју дотадашњу занесе-
ност *природном вољом*. Такође, и (неразарајући) земљо-
треси... рвао сам се са сном неке ноћи, кревет, моје тело,
били су неудобни... Улични пси завијали, а кад су утихнули,
могао сам да осетим, или да чујем потмуло тутњање воза,
не из даљине, већ из лежаја и зидова. Устао сам и само
погодио, помисливши на земљотрес. Паркет је кренуо да се
савија и витопери под стопалима. (Страшно ме заболеше
чукљеви.) Успео сам с муком да дођем до врата кад је
земљотрес и престао. Шест-седам корака у цикцак, два
метра од кревета до врата; земљотрес је у правцу сказаљке
на сату, или обратно, мешао собу, дрвенарија, стакларија
крцкала... Неког је потрес пробудио и приморао да напољу
дочека свитање – слушао сам ујутру у превозу, у шпицу,
када размажена деца иду у школу, а намргођене запослене
ленчуге касне; металним врхом кишобрана по нози пробу-
дио сам неког уснулог студента и дао му знак (?) да ми усту-
пи седиште; њему је ионако место у клубу факултета, не у
трамвају (!). Код оних који су мање знали (мада ми се очај-
но приспавало), и овог пута, могао сам да наслутим гор-
дост, одушевљење сопственом храброшћу. А, ноћу, кад
идем да мокрим, свашта могу да чујем кроз јадне зидове.

Но, нема доследности – потврђују ми године пролен-чареног полуживота. Многе *хероје* видео сам како цмиздре због неузвраћене љубави или сличне глупости. И сам сам се злопатио због будалаштина. Не завређују помена. Tom Waits, безуби старкеља, био је обазрив: „... Дрмнуо сам пиво и већ чујем како ме зовеш, надам се да се не заљубљујем у тебе...“ А, бандоглавци с ТВ-а константно истичу – и то је сила... Ситнице, тричарије... Овог трена, нека птица, негде, кажу, приземљује авион...

ШУМА

Напустио си је с олакшањем, и шума те не очекује поново? Страно јој је будуће? Само памти – (грубо) ловачке јавашлуке, дивљу сечу, дим? Ничу сенке и завлаче се натраг у стабла. Змијолики суварци на тлу. Преко гробљанског пропланка, дуж стеновитих бокова, измаглица. Неколико изврнутих риба, уз обалу, ловљених ноћас струјом. С елипсастог пања, покушао сам да избројим годове. Разливали су се... Уз пут, усредсређен на једну врсту печурки; заобићи сумњиве; одустао сам, поражен. Руку ожарених од коприва, напуштам клисуру. Дунав узјахан маглом. Такав је новембар. Такав, али ја сам склизнуо у лаж – август је, прохладно и тмурно. Ако удари грȁд, фарба и лимарија мог аутомобила претрпеће *топовску паљбу*... Замислите ехо аритмичних плотуна из ловачких пушака, карабина, ударца балвана о камене мартинеле. Замислите 1916, како с прадедом покушавам да пређем Дунав. Брз, прокључао... Конопци и чамац – за прелаз чине се недовољним. Један од лоцова што спроводи бродове кроз клисуру, виче за нама. Куда ћемо, деда (?!), одакле си дошао (?!) – покушавам да измолим одговоре, али моје гласове топе кључали вирови... Даљњи покушаји да се чамац намести у положај у којем би, отиснут матицом, пикирао на најближу испупчену стену низводно, на другој обали. Деда притеже-отпушта чамац ужадима, као да обуздава уплашеног коња, тетурав, пијан, све док онај лоц не сиђе и спречи га у сулудом покушају. Туча. Однекуд пристигли буљук људи. Прадеда се смири тек на понуђену му флашу у лоцовој подстаници. Замисли то, као уосталом и ја, јер свог прадеду по крви, окончалог у тридесетпетој, пијанца, кавгаџију, жењољупца, нисам имао прилику да видим ни на слици.

Кроз неколико везаних, кратких тунела – хучи...

У време *заоштрености* са Стаљином, мој голобради прадеда-очух припремао је кочеве за ограду са двојицом тесара. Послаше га ујутру по ракију. Нацврцаше се под сунцем, а овај, охрабрен гутљајем, разменио неколико реченица с младом Румунком, на супротној обали; на моје неувиђавно наваљивање, он би ме, изнова, забављао откривајући ми метод свог удварања: „ ... Како се зовеш... Лепа ти је марама... Слушају ли те козе...“. Било је забрањено разговарати с другом обалом. На било какав повод, руски војници уобичавали су да припуцају на нашу страну. Брзо уроди дојава огледана у пристижућем војном џипу. На строго: ко се довикивао и с ким, прадеда-очух упре секиром ка Кладову, ка неком бициклисти отиснутом у том правцу. Напустивши уснуле тесаре, прадеда збриса, решен да дан проведе лутајући шумом. На почетку Другог светског рата, као 17-годишњак, беше мобилисан. Неколико дана улогорени на ледини, ишчекујући прекоманде. Ослободи се униформе и пушке. Плати једноруког Јагшу да га превезе преко Дунава. У Румунији се скривао преко годину дана. У општем метежу нису га били евидентирали, те се вратио, дубоко у шуму, међу чобане. Доцније се оженио мојом прабабом, удовицом, двадесет година старијом од њега. Зашто њом (?), с обзиром на разлику у годинама, његове коректне физичке врлине, речитост – једноставно – била је много лепа. Њему очито јесте, јер богатство, које је поседовала прабабина страна до тренутка фамилијарне неслоге, било је давно изгубљено. Прихватио је, касније, мог оца као правог унука, прабабу надживео, премда је ова нанизала преко деведесет година. За разлику од сељана који су умели да зараду оставе у кафани за ноћ, овај прадеда се ретко машао за чашу. Памтим његовог дуговечног ловачког пса Шандора, којем је припајао још једног млађег кера да се уз овог учи, а тај други пре-или-касније страдао, губио се или бежао. Риђодлаки Шандор био му је највећа узданицу у лову. Прадеда се мучио да мом, дечјем, уму – жељном ловачких авантура и лажи – разјасни колико и због чега је тешко надмудрити расног срндаћа, а камоли дивљу свињу, и своје подвиге приписивао углавном срећи. Доживљавао сам га, тада, као лошег ловца.

Почетком 1990-их, одлучио је да дође у Београд и с мојом породицом дочека Нову годину. Измицале су ми журке; на смарајућа питања – с ким ћеш дочекати деведесет и неку, одговарао бих – с прадедом. За провод сам се снашао; било је незаборавно – рум, марихуана, не сећам се ничега... сада ми је жао што нисам остао код куће и прославио почетак јануара с њим. Ипак, из његових прича, сазнао сам штошта о својим прецима, о разноликим судбинама.

Поред лова, прадеда се срцем интересовао за виолину, свирао, мени стране, влашке мелодије. На моје интересовање јутрос, приликом посете, да ли јој је још увек одан, с тугом климну – о празницима, када мало попије...

ОБЕЗГЛАВЉЕНА СЕНКА

(Октобар.)
Циганин гура колица. Ветром истањени облаци. Авион налик бисти, уздиже се свом снагом... Нешто је пало напољу? Трескања, табанања, турирања, дрека – неприметна су, лети. Група стараца претиче поштара, штоперицу нечијег почетка и нечијег краја. Нешто је пало напољу. Невелики су изгледи да се ишта догодило; жена из суседства бацила се са зграде прошлог месеца.

(Септембар.)
Још неколико дана годишњег одмора. Читам, наизменично, *Платформу*, *Окретај завртња*, *Тунел*, *Ноћ са Хамлетом*. Остварити и сусрете с другарима. Да ли смо још увек кадри да се ругамо животу? Вреди ли уопште видети их, или живети у Порту, Њујорку, Даблину, као што смо фантазирали у својим двадесетим? *Преко баре*, већ *сутра* значиће – *иза Марса*. Свемир постаће *обећана земља*? За часопис *П.* требало би да напишем путопис. Али, како сада...

(Август.)
Оморина. Презнојен у саобраћају, на послу...
Зими, кроз ногавице и рукаве увлачи се ветар. Шамара ме по ушима. Завлачи нокте у ноздрве. Ујутру – претећи, забели се град. Поледица готово да натера – поново учити ходање. *Фића* и *буба* су стабилни, спретнији од лимузина (ако ми верујете), раме уз раме с џиповима, у данима када путари реагују са закашњењем, што чине без изузетка.

Потребно ми је још десетак текстова да бих завршио ову књигу. Када сасвим завеје снег, возачи поштују прописану брзину – овакво запажање нећу ставити ни у један од текстова. Можда бих могао да покушам да пишем о Д., 29 година искусном банкару који о викендима обилази свој воћњак – толико обрастао у коров, да у њега не би могао ни тигар да уђе...

(Јули.)
Још три, највише четири текста, и завршићу књигу. Али, како за њу заинтересовати издавача...

Посрећило ми се, с тим да треба повадити коров, итд... ослонити се, стога, једино на самог себе... Некад смо учење (умовање, дакле) поредили с орањем. За дане у пензији оставио бих довршење ове књиге, само када ме не би било срамота. Али, и није ме срамота...

(Октобар.)
Кроз прозорско окно видим Циганина, његова празна колица. Мршаве облаке; раскомадане ветром. Прогони их, бруси, отапа, или неке од њих припаја одмаклој бесцињној банди. Авион пикира на васиону, једино да би што пре достигао неопходну висину. Кажем, ветар је љут.

Изнова, мори ме призор кокошке – виђене у детињству – што отфикарене главе трчкара тамо-амо. Провирујем кроз прозор. Заиста, на тротоар, пала је сенка моје главе. Хеј (!), ако не бих сишао доле, по њу, могао би да је покупи онај Циганин и однесе сутра на пијацу...

ВАГОНИ

Већ дуго желим да прођем пожарним степеништем солитера. И након две године, придошлица сам у њему. Загонетан и непознат суседима.

Старац је отворио стакларник-оставу на првом спрату. Одлаже аутомобилски точак. Запамтио сам у пролазу тог човека седих обрва; одобравао је, добродудан, свачије мишљење. Разуме мој предлог – неко се сетио да провери спасоносни излаз (!). Подигао је десну обрву као благо савијени кажипрст: „Ватра је курјак, неће стати сама од себе!" Уместо разрогачених очију, које би требало да прате ову опомену, капци су му затреперили налик прозирним розе крилцима.

Као и сви други саговорници, уливам му поверење (?) – поверава ми кључ, који ћу му доцније вратити. Закључавам оставу изнутра, махнем му и излазим на степениште. Плаво – зарђало. Удно њега, ветром промукла повећа бара задржала се након целоноћне кише. Погледао сам увис; започео споро успињање. Прве спратове прелазио сам без напора. Вибрације, подрхтавања, потмула шкрипа појачавала се. Између петог и шестог спрата, метална конструкција се већ претећи извијала. Сваки мој нови корак постајао је тежи, опрезнији. Рукама сам такође проверавао функцију од рђе храпавог геледера. Свако следеће одморише беше пропраћено трескањем овог *вертикалног воза*, и осећајем преласка из једног у други вагон. Одбијао сам се на тим заравнима, циман тамо-амо ветром и вијугањем *оживелог скелета*. Али сада лишен првобитног страха, начас навикнут. Све гушће сипило је ђубре, падало дуж степеништа налик невешто направљеним авионима од папира. Повремено би ми за врат пао пикавац или папирић. На шеснаестом спрату, врата од оставе беху широм отворена; уз крајњи опрез успео сам да сачувам ципеле од нечистоће на овој мини-платформи. На наредној, то већ није било могуће извести – неко је одмориште користио за бацање смећа, које је одатле ветар неприметно разносио свуд унаоколо. Гомила пуних кеса, из којих су испадали опушци, кондоми, кесице од грицкалица; поклопац картонске кутије од *pizza*-е цепао се на ветру, и одлетео...

Домогао сам се врха – мезанин, двадесети спрат. Сео сам. Задихан. Слепоочнице су ми бубњале у ритму оцака парне локомотиве. Склизнух на леђа, налактивши се на степеник. Остаћу овде најмање целог дана, помислих.

У даљини – облак ко гребен. Пристижу мањи белези на небу, бело-сиви вагони што приморавају Сунце да жмирка. Мене, да зажмурим. Препуштен ветру...

Далеко од *обале*, плутао сам на одсечним таласима. Црквена звона на Бежанијској коси... Контејнер, или комби у ватри... Зањихани војни хеликоптер успоставио је неопходни баланс и прелетео град. Пролазници налик покретним саобраћајним знацима. Сиктање мотоцикла. И неке птице. Позива ме?

Као крв из отворене боксерове аркаде гром је шикнуо из неба и погодио електрични далековод. Град је остао без струје. Воштане свеће ће плакати до дубоко у ноћ. И нека птица. Позива ме?!

Степениште почиње да хукће, а потом, уз заглушујуће цепање, одваја се од небодера. Узлетели смо, и ја сам био једини путник. Гмизали смо преко дина од цигала, бетона и стакла, и ја сам био палацави језичак-водич. *Воз* је пресецао путање слепих мишева што су се тражили у тами. Толико брзо прелазили смо нејасни простор; на једном месту, људи су били под сунцобранима, а већ на другом под кишобранима... *Животом* сам удаљен од најдражих – схватих комичност свог положаја. Незреле авантуре обично бивају прекинуте баналностима – поштено сам огладнео!

Спуштање је било далеко напорније од успона; на шеснаестом спрату, где сам намеравао да напустим *воз*, учинило ми се да сам чуо псеће режање и шкргутање зуба. Одлучих да се спустим доле. Тај крвожедник на шеснаестом слободно се шетао ходником, оставом и на одморишту вршио нужду. Приликом силаска, више су трпеле руке од ногу. Али, био сам ту, надомак излаза.

Када бих могао да се вратим петнаестак година уназад, добро знам да бих, исправљајући учињене грешке, начинио нове, те да би исходиште без сумње било готово исто.

Кад сам код повратка, не успевам да откључам браву на првом. Кључ проклизава у старом цилиндру. (Кога бих и позвао мобилним, шта бих му рекао...) Преостало ми је да се вратим на шеснаести спрат у нади да бранилац те територије ипак неће бити тамо. Неизвесност ме је опет повела узбрдо.

НА РАЗГОВОРУ ЗА ПОСАО

Све у мермеру. Како се опустити у таквој хладноћи? (Не помисли на огромни гроб!)

(...) Крошња платана, раширени паунов реп, с понегде златним венућим листом. С пролећним украсима маца. Заправо, привукао те је облакодер у Rue (...). Покрај њега, као деверуша – алуминијумски знак, обележје фирме, који подсећа на носину некога ко се сунча на леђима; стреми увис окружен пешадијским фигурама, бујним пијунастим шимширима. Тај знак (лого?) предузећа не разумеш, а облакодер на којем су сви прозори затворени, или их уопште и нема, са стране супротне од аутопута раскриљује се у застакљени мост што води у квадратасто грађевинско крило. О њега, доле, ослања се мирна вода базена, као телесина у градском превозу што прети да те притисне. Фонтана у облику листа детелине распрскава водене капи у мутну завесу, запрљани вео. Како досадно... Умирујуће!

У једном тренутку – земљотрес (потврдили су ти увече у хотелу, придајући му значај туристичке атракције). Вода базена преузимала је *осмехе* подругљивих годова. Њихали су се ретки облаци. (Кости што *мирно почивају* у земљи...)

Посматрао си нетремице и облакодер с друге стране пута – попут тамних, пропетих, двају тела медведа који би да бране територију.

Али: објективан, значи ли бити и песимиста (?); рецимо – папагај твог познаника *влада* немачким језиком боље од тебе. Слон, коњ или магарац, кадри су да успешније обављају физичке послове. Мајмунчић би својом игром *испросио* далеко више новца него ти.

Halt!

(...) Асфалт утонуо између ивичњака, изврнута је корњача. Извиће се у ноћи, са свим светлостима и нарасти попут златодлаког штенета из суседства које си препознао након више месеци. Мост над Дунавом ожарен је рђом. Плутајући облаци од маца прекрили су нафтне мрље. А, потом, у полутами – обале спојене с водом. Само пијанац (?), исплутала стара бова на ветру, вијугавим покретима свог тела стапа се с таласима. Зричу ретки брзо-промичући аутомобили. Изостаје ли гром, хоботница на небу са својим пламтећим пипцима; севање *блица* и *фотографисање* штурог пејзажа...

Дивна тама... Згушњава се у пасажима. *Постројава* недисциплиноване сенке у *борбене редове.* Прикрива. Неосветљено, окрњено степениште сапliће два полицајца. Камуфлирани кишни облак се руга.

Шахтови пуштају *духове* на тротоаре. Слепи миш, окачен о грану, ослушкује совино имитирање воза. Снажна лампа авиона стапа се са звездом, а потом заједно потањају у земљу. Фебруар се повлачи, а да је град одолео снегу не допустивши ни дана да му заседне у госте. Асфлат и бетон жедно су попили сваку пахуљу. Безуспешност зимске инвазије исправиће баба Марта? И све ће остати на свом месту?

Али: бити песимиста, подразумева замарајуће правдање... Наслуђујете? – зао сам онолико колико је неопходно за пуки живот.

Прилично зла.

Заточен сам у овој згради... да кајање касније не би истакло потерницу. Кроз прозорска окна продиру звуци улице. Обијају се о главе оних који нечију судбину *држе* у њој. Захуктавајући мисли о моје слепоочнице.

На периферији, међу новоизграђеним здањима, где по мишљењу једног од мојих најдражих песника – *нема сећања*, преко двадесет година је мог живота. Прљаво је тамо, готово *саблесно*, као уосталом и потпетице неке жене чији ми је бат труцкао по ноћашњем сну. Ко ју је послао онде, да би шетала пред улазом зграде ни једну једину реч не прозборивши.

Тамо, где нема сећања, *Томасе*, чак није ни сан.

Ево (малерозног имена што те грчи), прозван си?!

Од силног *набрајања*, не можеш доћи на ред. Не заборави најважније! Попут гуштера требало би оставити *репове* које вучеш за собом. И слаткоречивим палацавим језиком представити се у *светлу*, ма колико си *приснији* тами. Никако не оманути код (евентуалног) питања – хоби? – и споменути писање... јер ће на овај посао можда примити *мајмунолике*, *папагајасте* или *слонолике*, али чудаке – никако!

ПОСЛЕДЊИ ЗИМСКИ ДАНИ

- загонетка за глувонемог -

Цвокот жалузина на ветру... Месечеве дугачке реченице-наредбе. Проповеди?

– *Не питај како је у кожи несанице!*
– *Радознао сам... Не питам...*

По оголелим гранама – обешене нове дроњаве кесе. Неке од старих су се смежурале, потамнеле и отпале.

– *Не мењај годишња доба!*
– *У детињству, радо сам се играо жабама и слепићима... сада не бих могао ни да их додирнем.*

Псеће завијање – графикон поноћи; продужава се у неиспрекидане вертикале... Убрзани откуцаји срца. (Запушених ушију, потпуно промукао – наслућујеш звукове; чујеш сопствено би̏ло.) Изгубила је равнотежу Смрт (?) и стропоштала се с кровова зграда. Превија се као просјакиња-преварант. Изашавши из аутомобила, не успеваш да се помериш.

Пео си се, или спуштао низ улице, од једног до другог кафеа, до овог контраупоришта. (Ногу попут забијених ашова.) Под бетонским мини-платоом, између зграда, иста мачка подиже свој трећи окот. Светлуцају стидљиве *звезде* из јаме. Осећаш и нечије друге шпијунирајуће погледе. Бесмисленост уобразиље. Ноћне птице препуштене крилима вртложних струја.

Шта је са *нашим* апсурдним перспективама: када не можемо видети сопствена лица. Не можемо се видети ничијим очима. (После бола, наступило би *оздрављење*? Ко то зна...)

– Плима!?
– Изазови ме! Како сам само раздражљив...

Не успевам да пратим град, његове кретње. Аритмичност. Припадам му, али као када пресуши бунар, не преостаје ти ништа осим да копаш на неком другом месту, могао бих да седнем у кола и заменим га још ове ноћи. Варљива изгубљеност...

Трипут си се, очекујући рођака, враћао на аеродром, док коначно нису истакли – лет је отказан. Запамтио си сва лица која су чекала везане летове из Москве. (Ледоломце облака.) Њихове гласове. Приче. (Отварање уста.) Несигурности. И оних који су се некуд упутили. Хиљаду, десет хиљада километара одавде. Испраћао си непознате. (Бесмислени, *глувонеми* скретничар.) Враћао се назад, у град, наздрављао својој зловољи. Двапут на полицијској контроли дувао у *балон*. Прошао. Позлило ти је, одједном. Ископебљао си се са шанка на улицу. Придржао се за бандеру. Примирио.

Напољу: смрт фашизму – ова квазимудролија, коју сам чуо само једном, постала је загонетка што ме прогања увек кад осетим неподношљиву хладноћу. Грозница ме пандурски *преслишава*. Зло ми је, од тровања, умора. Унутрашње радилице анксиозности. Дуне ветар и засузе ми очи; слика стрме авеније се извитопери. Као у акваријуму. Светлуцајућа возила пливају тамо-амо. С друге стране: воз који пролази подсети ме на воз који је прошао, а горе: трбух одавно отпутовале ластавице – на трбух беле ајкуле. Пун Месец је то. Нацрт *друге земље... Кошмар* у којем сам се затекао има прозоре на свим странама. Гледам кроз сваки, изнутра ил' унутра?

Пред кућом... Онемоћао да бих се померио. Нерад да бих отишао у *бодљикаве* чаршаве. Самоћа, пардон, Смрт, лагано се покреће. Бауља, степеник по степеник. Настањује се на зидовима.

Зидови имају уши. Уши и зидови. Имају и зубе. Зидови гризу.

71

– Не манипулиши животом! Шта знаш уистину о своm?!

– Било би добро да је другачије; свуда је сумња...

Самоћа, пардон, беживотност, пратила ме је до стана, али трком сам се вратио до кола, да бих покушао, мимо свих прозора-загонетки, да *изаћем* кроз оцак ове ноћи.

(Фашизам – биће да је решење оне *огромне* мудрости – савладала је руска зима...)

ЧЕТВРТАК, 13. 04. 2006.

I'll swalow poison, until I grow immune...

P. J.

(18.45 h)
Претећа маглуштина обија се о прозорска окна.
Наши животи су још увек у стварању. Привид? Убедљив.

„Касни ноћни сати у Улици Мек Дугал...“ – бележи Чарлс С. Како би смешно звучало када бих навео једну од осам улица у којима сам живео више од годину дана. Већину сам заборавио. Имена улица које су опасале касарну (где сам такође пребивао, због продужетка војног рока, нешто више од тринаест месеци) не сећам се. Она, на коју је гледала главна капија, можда је била безимена.

(20.30 h)
Лежем, накратко. Обично, сањам.

(21.45 h)
Тргнух се; сањао сам да сам мртав.
Истуширао сам се. Обријао. Попио кафу. Читао изнова Симићев *Луневилски дневник*. Да ли су ти записи дело његовог искуства, или маште? Неважно. Волео бих да могу да попричам с њим. О чему год...

(23.35 h)
Магла се разишла. Свеж мирис покислог асфалта. Немам новац за бензин; улазим у поноћни трамвај. Путници који стоје, држећи се чврсто за шипке (дозволићете ми да будем баналнији но иначе), као да играју градско-превозни плес – *ламбада*. Опажам мешкољење неке брінете и њено припремање да сиђе на следећој станици, огледано у премештању ташнице с крила о раме. Устаје. Упадам на њено место као зупчаник, дословце изгуравши двоје путника и ослободивши овој пролаз да се, тарући о мене, заменимо. Сео сам. Загледан у *ништа*, у своје *мисли*...

Бог има план за нас... Опште место које ти засмета, на неки начин те примора да и размислиш о томе... Можда се наши животи окончавају у право време (?), поштедивши нас тако надолазећих неподношљивих тегоба... Умрети у сну, за воланом, на лицу места... али шта је с децом, шта је с онима који заиста копне у боловима. Можда је и за њих то прави тренутак, јер би уследило далеко суровије мучење – брука, или неиздрживо разочарање.

У то би ме било тешко убедити!

(24 часа дневно)
Сада, *лоше* видим. Несрећу.

(00.15 h)
Један човек у продавници – док купујем цигарете – преко пута ноћног клуба, правдајућим тоном разјашњава познаници да се доселио у овај крај јер не планира ту дуго да живи. Јер не планира да дуго живи... Као да ми је читао мисли. Али, ни раније ми се планови нису остваривали.

(24 часа дневно)
Како само мало знам о *стварима!* Но, то ме не мотивише да се иоле потрудим с тим у вези. Није битно о чему тачно. Крајња граница неспособности.

(Последњих година...)
Одједном, не волим ни да се фотографишем. Недавно, на неком дозлабога досадном рођендану и окупљању за групну фотографију, која ће остати за успомену само слављенику, сакрио сам се (у туђем стану) иза држача за компјутер. Претварао сам се да сам у WC-у. Фазе које ће проћи? Кад размислим о свему томе најбоље што могу, најрадије бих изравнао рачуне са самим собом. Можда је *незванична теорија* исправна: сви ми имамо физичке двојнике у неком кутку планете. Путем интернета лако би их било позвати. Нека се јаве ако одговарају нашим фотографијама. Позвао бих *себе* на пиће, а потом у најближи хаустор на песничење.

(24 часа дневно)

Не зарађујем, и никог не познајем.

(00.30 h)

Поздрављам се са *М.*-ом шанкером, потом од другог бармена, који је задужен и за пуштање музике, затражим *Pearl Jam*. Климне потврдно; њихова песма испрати ме кроз гужву до конструисане даске-шанка. Један у збијеној групи пријатељ ми је (из војничких дана), остали познаници. Жели да ме части пићем, али већ сам *прошверцовао* (као кризних '90-их) домаћи рум у истим сачуваним пластичним кутијицама, покупљеним од мајке, за шећерне разнобојне зрнасте украсе за торту. Идеалним, што дихтују.

('92-е, '93-е, '94-е...)

У овом клубу, *унети* своје пиће није никад представљало проблем, већ у неким другим где су на вратима претресали.

(око 01.00 h)

У свако то пластично помагало стаје по два деци. Нагнем свих шест одједном. Примирим се. Након пола сата, поново навратим до шанка и упитам за *Pearl J.* За ноћ, то поновим пет пута. Успешно. Тај бармен ме не зна по имену, а његово одобравање с тим у вези је као да ме први пут види и слуша моју малу молбу. Тако је доследан: чекам тренутак кад ће ме приметити и сам учинити оно због чега зна да му прилазим.

(1998)

С којим сам узвишеним чуђењем пре осам година, на овом истом месту, покушавао да продрем у бит једног тридесетшестогодишњака. Није *имао ништа* – како је рекао – ни посао, ни снове. Његова животна шанса поражавајуће је интересантна: наслеђе, у виду салонца у центру града, управио је ка остварењу свог дечачког сна. Продао је стан и купио једрењак, при том не предузимајући ништа у вези с полагањем испита неопходног за пловидбу. Нити било шта у вези с његовим одржавањем. Брод је, прве надолазеће зиме, пропао неприпремљен. Његово задовољство свело се на лешкарење-шепурење на прамцу, у луци, два месеца, и са првим кишним данима, на повратак у Београд. *Каје се, како се само каје* – изговорио је тоном који није одавао ни зрнце *пропасти*...

(2006)

Сада сам ја добро *отпловио* преко тридесете. Обично, сањам исто. У ствари, кад се пробудим, схватим да мој *сан* није био толико страшан.

(око 03.00 h)

Другар ће ме превести колима до куће. Лећи ћу. И сањати. И изнова ћу сањати... све док се, коначно, не будем *пробудио у сну*...

БУСОЛА

*Има пуно начина да се пређе океан а
да се не плати карта.*

Алесандро Барико

Четворо људи, који су из токијског залива ујутру испловили у рибарској јахти, захватило је *невреме*.

У 16 часова, тајфун је ненадано променио ћуд и с Пацифика, заобишавши Филипине, обрушио се ка јапанском острвљу. Грађани Токија запрепашћени су изјавом једног преживелог, Nabujoshi Furuichi-ja. Посада је уредно одговорила на упозорења из обалног центра, наводи *Кап аgawa*, и на време се упутила ка копну. *Невреме!*, жучна расправа до које је дошло око праћења наутичких инструмената прерасла је у тучу у којој су коришћена рибарска оруђа. Запослени у *Kinki Nippon Tourist*-у, агенцији за изнајмљивање јахти, која води у обиласке, или с инструкторима у риболов у безбедне области богате рибом, потврдили су идентитет настрадалих. Према њиховима изјавама, несрећни људи годинама су користили услуге *К.N.T.*-а, и бирали маршруте удаљене од туристичких. Овај пут, са својом рибарском опремом понели су и неуобичајене количине пива.

Према – непровереним изворима и – речима јединог преживелог, у свитање, уз само копно, N. F. је покушао да у помоћ дозове пролазника на обали. До тог тренутка, сви осим M. Okui-ja још увек су давали знаке живота. Међутим, човек на молу је посрнуо и скотрљао се низ обалу – N. F. је то окарактерисао као дрво које се сурвало с поотпадалим повећим латицама трешњиног цвећа (?!).

Осим листова, претпоставља се, некакве књиге, никакво тело није пронађено.

Nabujoshi Furuichi налази се у критичном стању.

СНОВИ ИЗ ЈАПАНА

- Keijio Iimura -

На полумрачном подземном степеништу, мајка ме је чврсто држала у заштитничком загрљају те сам једва успевао да наслутим речи што су са сузама капале са застрашених лица. *Отворила се... отворила...* – власник рибарнице из суседства бесомучно је понављао, једва помичући усне, загледан у земљу. Имао сам непуних шест година на концу Другог светског рата.

3.05 h је ујутру. У игри са сном извукао сам краћу сламку. Тако је последњих година. Устајем, пребирам по таблицама на монитору компјутера, или се чешће дохватим дневника, прибележим нешто и изађем у шетњу.

Пандорина кутија се отворила... – беше прва реченица коју сам у дневник записао. Водим га, има, готово пола века. Састављен од тридесетак свезака, од туђе знатижеље читавог живота грозничаво скриван, чине га по реченица, или пасус, исписан свакога дана. Утисци из, безмало, читавог Света.

Понекад сам нотирао имена сарадника, изговорене, наизглед небитне, реченице-мисли како бих објективније могао да проценим њихове профиле: јер предомишљања и ценкања, ширење информација – које су обично водиле преласку у конкурентску фирму, нарушавају челичну лепезу хијерархије. Поверења и дисциплине!

Каткад, записивао сам и оно лепше: цитате, или стихове песама мени страног поднебља (попут дечакове, у Хондурасу, без сумње, невешто преведене – *Тек лахор, али као змај од папира ћу полетети... и небо ће ишчезнути...*).

Управо свршен посао на Балканском полуострву унео је извесне потресе у мене. Зла коб младог човека настрадалог у удесу у тунелу, који нас је водио кроз разрушене градове и села, погодила ме је неуобичајеније, хоћу рећи више но што је сада моја *природа* кадра да преброди, толико пута уздрмана, на крају крајева ојачана немилијим догађајима који су се за мог живота збили.

Осим у сну, *обалу* коју сасвим разложно ишчекујем још увек не видим. Пучина је преда мном. И рибарски брод – збуњујуће плута. Неусидрен, рекао бих. Добро је бити на копну; јуче од подне и до дубоко у ноћ, посебно – тајфун је беснео између острва. Овај брод мора бити да је имао среће и да га таласи нису разлупали о бетонски мол, већ се откачио од сидра и довољно удаљио од обале. Уљуљкују га свиленкасти таласи. Слободног. И, збуњујуће, напуштеног?!

Са изласком Сунца свој дневник ћу поцепати до последње странице. На њој сам до малочас бележио ноћашње снове. Потирали су се, можда надовезали, свакако измешали. Устадох након потоњег сна, и уз стрпљиво припремљен чај, наврат-нанос забележих их у дневник. Да ли ће се понављати?

(...) Пред раскрсницом, испод аутопута и душевне болнице, севну. Позлило ми је. Протрљао сам очи заслепљен болом и јаком светлошћу. Угледао сам на узбрдици прилику; притискао сирену више пута неуспело у позив! Изашао сам из аута, и тектако, омамљеног као да ме је повела преко крљушти од рендгенских снимака, између каросерија пренатрпаних медицинским протезама и штакама. Прешао сам неограђени отпад, напипао гелендер, полуобрастао растињем, на дрвеном мосту. Пожелео сам да се умијем водом што је жуборила под њим, али (!) отвор преко вијугавог и климавог моста што се сужавао – врата су изврнутог будистичког храма!? Почетна просторија трошних зидова, какву нисам видео, извијена у полутами повлачила је сенку да би падала без краја. *Зар, предсобље ништавила?!* – узвикнуо сам.

Витрина с фетусима у формалину, сићушних ушију начуљених и управљених ка мојим спорим кретњама. Степениште, искрсло у кристалној халуцинацији, водило ме је ка унакрсним каскадама од паучине. Нејасним уздасима. Мелодији њихових одјека. Као да ми је то било познато, још као малом, за време рата. Све топлији ветар изненада разигра пламенове из мемљивих зидова. Успаничен, наумих назад, али ватра ме је гонила доле. Зидови су се љуштили као кожа, степеништем се повлачила запаљена одора. *Савести!?* – повиках.

Препознао сам је *безразложну!?* – један од многобројних унутрашњих гласова на који сам се *одазвао* прекинувши дремеж на паркингу. Налик офингеру држао сам пламтећу одору, маглено тело што се под њом крило. Нестајали су остављајући у наручју илузију огромног плика.

Седео сам на бескрајном степеништу, бројао степенике редом. Фигурицу Буде направио сам од изгореле коже; терајући је да игра уз музику Пандорине кутије, како сам умислио, лудео сам од отровне успаванке, и белине. Ушуњали облаци...

Утом се пробудих, више уплашен могућом несаницом. У том полубунилу, у тами собе, упркос топлини тела своје жене, с којом и ледене снове *делим* преко четрдесет година, усамљеност ме пригрљује; умишљам да сам с мајком... свестан: она, одавно преминула, сада ми је *ближа*; супруга ће ме надживети. Крај стубишта смо, мати и ја, у измаглици. Црне очи, танка доња усна коју једва видно грицка; суза јој подрхтава на образу; крај њених малих стопала, болешљив, брзим погледима скривам своју слабост и стежем песнице; ћутањем ми прича и, сада, буди моју крхкост... Растужује ме та слика што се појављује и нестаје док из кревета жмиркам на пуцкетајућа прозорска окна. Вребајућа Смрт с подрхтавајућим кајде бӣлом, и пркосом којим желим да јој се представим: *Ја сам Кеијио Іимига! И није ми драго!* Као кап ненадане кише, суза је канула на моју слепоочницу; осећам је док хучање ветра споља надјачава њен меки позив мог имена... и причу, које једва да се присећам... о младом ратнику што је замишљао зидове од штитова око себе у тренуцима клонућа духа, кријући осећања, опирући се мртвим рукама опијајућој музици лелујавих змија којима никако није смео да се препусти у сну... Насупрот њему, ја се не борим против снова, већ против несанице. Попут таласа, сузе ми прелазе преко хладног чела, и наредни сан прима ме натраг... (Записујем га...)

(...) Возач сам рикше!? При томе, и пијанац!?

Док су гране откуцавале глуве минуте пред велелепном кућом, опијао сам се сакијем. Нај660дном као да сам потонуо кроз сиц – нађох се у бамбусовој шуми, шћућурен уз стену. Рептиласто крилато биће лебдело је пискутајући о залуталима. Придигох се, и потом сам дуго ходао. Испод шуме, напокон, набасао сам на дрвени ковчег – ствари у њему беху ми познате, али лик у огледалу – стран! Мрак, схватио сам, бескрајан. При помисли о тами у којој тама изнова свиће, потрчао сам махнито између стабала мени непознатог дрвећа. Трчао сам све док ме нису зауставили сиктави звуци; све јасније из даљине прозивао ме је строги глас. С нејасном лакоћом успентрао сам се уз дрво, скочио с гране једног стабла на грану другог, покушавајући да уочим прогонитеља. Склизнуо сам из крошње и велико лишће залепршало је са мном. Покушавао сам да се ослободим израслина што су ме цимале на леђима, а потом, хистеришући, грчевито њима замахнуо.

Искрсло створење кренуло је да забада зубе у моја најеедном израсла крила! Шчепао сам му главу! Грч је попустио, падали смо као незграпни облак пурпурног перја.

У вегетацији, међу отровном папрати, огромни таласи распламсавали су грозницу.

Изненада, нашао сам се под новим сводом...

Звиждуци. Лупање по прозору крчме. Пружајући ћасу са сакијем, промуцао сам позамашном ћелавом човеку с актенташном док је седао крај мене: „Тамо доле је мој брод. Потопљен олујом. У време када није постојао светионик...“

О аутору

Миша Пасујевић рођен је 1972. године. Објавио је збирке поезије: *Ink* (Матица српска, 1997), за коју је добио „Бранкову награду", и *А. М. телеграм* (Центар за стваралаштво младих, 2000).

Песме су му превођене на енглески, немачки и словеначки језик. Ради у *Књижевном листу*.

Садржај

Хипноза 7
За Д. Мраза 10
Базилика 12
Поклони за Marbella Rou Bolbarana Gutierreza 14
Голубарима околних небодера 16
Heigh-ho, heigh-hooo... 19
Посматрачи 21
Кажипрст 23
Страни капути 25
Пелерина 27
Депеша 29
Ветар 31
Велика машта за мало срце 34
Најкраћи роман о смрти 36
Мора 38
Стрип 40
Сценарио у покушају... 43
У окраћалом килту 46
Поимање вожње 48
Жеђ 50
Препарирани 54
Завијање 56
Шума 59
Обезглављена сенка 62
Вагони 64
На разговору за посао 67
Последњи зимски дани 70
Четвртак, 13. 04. 2006. 73
Бусола 77
Снови из Јапана 78
О аутору 83

Миша Пасујевић
ЗА ВОЛАНОМ
*

Издавачко предузеће
РАД
Београд, Дечанска 12
*

Лектор и коректор
ОЛИВЕРА КОВАЧЕВ
*

Ликовна опрема
НЕНАД СИМОНОВИЋ
*

Електронска обрада
РУЖИЦА ДОЉАНЧЕВИЋ
*

За издавача
СИМОН СИМОНОВИЋ
*

Штампа
Елвод-принт
Лазаревац

ЦИП - Каталогизација у публикацији
Народна Библиотека Србије, Београд
821.163.41-36
ПАСУЈЕВИЋ, Миша
За воланом: мали роман о смрти / Миша Пасујевић.
- Београд: Рад, 2007. (Лазаревац: Елвод-принт). - 88 стр.;
20 цм. - (Библиотека Рад)
Тираж 500. - О аутору: стр.83.
ИСБН 978-86-09-00949-5
ЦОБИСС.СР-ИД 141111052

www.ingramcontent.com/pod-product-compliance
Lightning Source LLC
LaVergne TN
LVHW021615080426
835510LV00019B/2587